Kürbis gigantisch gut

Wichtig: In den Rezepten ist das Gewicht des Kürbis immer vor dem Putzen angegeben!

Rezept	Seite	Kalorien/Portion	Kalorienarm	Preiswert	Gelingt leicht	Vegetarisch	Raffiniert	Gut vorzubereiten	Schnell	Für Gäste
Kürbispüree	6	80	●	●	●	●				
Kürbisscheiben mit Bröselhaube	6	220			●	●	●	●		
Kürbisflan mit Preiselbeersauce	8	245				●	●	●		
Marinierter Kürbis	8	420				●				●
Fritierte Kürbisstäbchen	10	210		●		●	●			●
Kürbis-Zucchini-Carpaccio	10	135	●			●	●		●	●
Kürbissalat mit Fisch	12	175	●				●		●	●
Kürbiswürfel auf Rucola	12	100	●		●	●	●		●	●
Blattsalate mit Kürbis	13	135	●	●	●	●			●	●
Apfel-Kürbis-Rohkost	13	180	●	●	●	●	●		●	
Kürbissuppe mit Speckklößchen	16	390		●			●	●		●
Kürbis-Tomaten-Suppe	16	200	●	●	●	●	●			
Kürbiscreme mit Kernöl	18	295			●	●	●			
Kürbissuppe mit Linsen	18	270		●	●	●		●		
Kürbis-Kokos-Suppe	19	160	●	●	●	●	●			
Kürbis-Curry-Suppe	19	225	●		●	●				
Kürbis-Kartoffel-Topf	20	315			●	●				
Kürbis-Geflügel-Topf	20	585					●			●
Kürbis-Schalotten-Puffer	24	220	●	●	●	●				
Kartoffeln mit Kürbis-Feta-Füllung	24	360	●		●	●	●	●		
Spaghettikürbis mit Lauch	26	350	●		●	●	●			
Penne mit Kürbis-Tomaten-Sugo	26	465		●	●	●			●	●
Chinanudeln mit Kürbisgemüse	28	340	●	●	●	●	●			
Rondini mit Gorgonzola-Tomaten-Sauce	28	320	●		●	●	●			
Patissons mit Ricottafüllung	30	255	●		●	●		●		
Gebratene Patissons mit Tomatenragout	30	185	●	●	●	●				

Wegweiser

Rezept	Seite	Kalorien/Portion	Kalorienarm	Preiswert	Gelingt leicht	Vegetarisch	Raffiniert	Gut vorzubereiten	Schnell	Für Gäste
Kürbis-Ricotta-Lasagne	32	480			●	●		●		
Kürbisquiche mit Rosenkohl	32	465			●	●		●		
Kürbis-Steinpilz-Risotto	34	550			●	●	●			
Kürbis-Gnocchi mit Kräuterpilzen	34	390	●			●	●			
Hühnerkeulen auf Kürbisgratin	38	450			●		●			●
Entenbrust mit glasiertem Kürbis	38	530			●		●			
Kürbis mit Couscous-Hack-Füllung	40	355	●				●	●		●
Kalbsröllchen mit Kürbisfüllung	40	320	●				●			●
Kürbis-Spinat-Strudel mit Schinken	42	565			●					●
Lammtopf mit Kürbis und Kartoffeln	44	700		●				●		●
Kürbisgratin mit Brot und Speck	44	415		●	●		●			
Kürbis-Kartoffel-Püree	46	685		●	●					
Spaghettikürbis mit Fischragout	46	215	●				●			●
Kürbis-Lachs-Pfanne	48	430	●				●			●
Kürbis-Garnelen-Curry	48	140	●		●		●		●	
Kürbis-Preiselbeer-Tarte	52	140	●	●	●	●		●		●
Kürbis-Dattel-Pie	52	215	●			●	●	●		●
Kürbis-Nuß-Kuchen	54	210	●	●		●		●		
Kürbis-Muffins	54	140	●	●	●	●		●		●
Reisauflauf mit Kürbis	56	435		●	●	●				
Kürbis-Ricotta-Mousse	56	210	●			●	●	●		●
Kürbis-Zimt-Dessert	58	500				●	●	●		●
Schokosahne mit Kürbis	58	320			●	●	●	●		●
Kürbisgratin mit Amarettini	59	280	●			●	●	●		●
Kürbis-Konfitüre	59	200		●	●	●	●	●	●	

Vorspeisen und Salate

Zur Kürbissaison steht man staunend vor dem Riesenangebot. Alles über die wichtigsten Sorten und einiges mehr erfahren Sie hier.

Saison

Kürbis hat Saison von Ende August bis November. Da er sich so gut lagern läßt, sind manche Sorten bis Februar erhältlich.
Man unterscheidet sie nach Sommer- und Winterkürbissen.
Sommerkürbisse wie Rondini werden jung geerntet und haben eine weiche, dünne, eßbare Schale. Sie sind nicht lange haltbar, etwa so wie Zucchini und Melonen.
Winterkürbisse haben eine harte Schale, die eine längere Aufbewahrung erlaubt.

Eine Familie mit ganz unterschiedlichen Verwandten.

Die Familie der Kürbisse

Der Kürbis ist eine der ältesten Kulturpflanzen. Nahe Verwandte sind Zucchini, Gurken und Melonen. Man unterteilt Kürbisse in drei Hauptgruppen: Riesenkürbis (Cucurbita maxima), Moschuskürbis (Cucurbita moschata) und Gartenkürbis (Cucurbita pepo), mit vielen Varianten.
Der Riesenkürbis bringt die größten Früchte hervor. Er wächst auch in kühleren Gegenden, kann also bei uns gut angebaut werden.
Der Moschuskürbis kommt vermutlich ursprünglich aus Mexiko und braucht zum Gedeihen ein wärmeres Klima. Sein Fleisch ist fest und schmeckt etwas intensiver als das vom Riesenkürbis.
Zur Familie der Gartenkürbisse gehören alle Sommerkürbisse und die Zierkürbisse.

Ausgewählte Sorten

Riesenkürbis
Seine Früchte werden im Herbst auf jedem Markt angeboten und sind so groß, daß man meist nicht mehr als einen Schnitz braucht. Sein Fleisch ist gelb bis orange und ziemlich feucht. Sein Geschmack ist nicht sehr intensiv. Am besten schmeckt Riesenkürbis gekocht. Außerdem schnitzt man (wegen seiner Größe) am besten aus ihm den Halloween-Kürbis. Von ihm kommen die eßbaren Kerne, während das Öl aus den Kernen des Öl-Kürbis gepreßt wird.

Butternut
Er gehört zu den Moschuskürbissen und erinnert von der Form her an eine Birne. Er wird nicht sehr groß und ist daher ideal für kleinere Portionen. Der Butternut hat ein aromatisches Fruchtfleisch, das sowohl roh als auch gekocht sehr gut schmeckt. Außerdem eignet sich Butternut – der Länge nach halbiert – gut zum Füllen.

Muskatkürbis
Auch er gehört zu den Moschuskürbissen und hat eine gerippte Form, eine grüne bis bräunliche Schale, leuchtend-oranges Fruchtfleisch und einen fein-säuerlichen, intensiven Geschmack. Er schmeckt roh und gekocht.

Hokkaido-Kürbis
Obwohl er zur Familie der Riesenkürbisse gehört, ist diese japanische Züchtung eher klein. Der Hokkaido-Kürbis ist außen und innen leuchtend-orange und hat ein aromatisches Fruchtfleisch. Man bekommt ihn, anders als die anderen Früchte, im Naturkosthandel auch im Sommer und Frühherbst. Er hat die ideale Größe, um ihn im Ganzen (z.B. gefüllt) zuzubereiten.

Spaghettikürbis
Die länglichen gelben bis grün-gelben Früchte heißen so, weil ihr Fruchtfleisch nach dem Garen zu spaghettiähnlichen Schnüren zerfällt. Man kocht die

Kürbisse im ganzen oder halbiert (dann haben sie eine viel kürzere Garzeit). Spaghettikürbis schmeckt mit Saucen (siehe Seite 26 und 46) oder mit Tomatensauce), einfach mit Kräuterbutter oder mit Pesto. Allerdings muß man die Saucen kräftig würzen. Und wie die Pasta schmecken auch diese »Spaghetti« sehr gut mit Parmesan.

Patisson
Die flachen weißen, hellgelben oder grünlichen Kürbisse heißen wegen ihrer Form auch »Squash« oder »Ufo«. Man ißt sie mit der Schale (nur bei sehr großen Früchten ist sie zu hart). Am besten schmecken sie, wenn sie ein Gewicht von etwa 300 g haben.

Rondini
Sie sehen aus wie kleine runde Zucchini, haben aber nicht wie diese eine helle, sondern eine dunkelgrüne Schale. Rondini schmecken nur gekocht. Man ißt sie mit Schale. Wer möchte, kann nach dem Garen die größeren Kerne im Inneren entfernen. Rondini schmecken einfach mit Butter und Salz, mit würzigem Käse und Kartoffeln oder mit einem aromatischen Pesto aus Kürbiskernen (siehe Seite 23).

Wichtig:
Ist bei den Rezepten keine spezielle Kürbissorte angegeben, können Sie jeden gelben oder orangefarbenen Kürbis nehmen.

Kürbispüree

- Preiswert
- Gelingt leicht

Auf Seite 22 ist die Zubereitung des Pürees noch einmal ganz ausführlich beschrieben.

Für 4 Personen:

1 Stück Kürbis (etwa 450 g)
3 EL Olivenöl
1 Knoblauchzehe
1 EL Kapern
1/2 Bund Petersilie
Salz · schwarzer Pfeffer

Zubereitungszeit: 15 Min.
Backzeit: 40 Min.

Pro Portion ca.: 80 kcal
1 g EW/6 g F/4 g KH

1 Den Backofen auf 200° vorheizen. Das Kürbisstück von den Kernen mit dem faserigen Fruchtfleisch befreien und auf ein Backblech legen. Im Ofen (Mitte, Umluft 180°) 40 Min. backen, bis das Fruchtfleisch schön weich ist.

2 Den Kürbis herausnehmen und etwas abkühlen lassen, dann das Fruchtfleisch aus der Schale lösen und mit dem Olivenöl fein pürieren.

3 Den Knoblauch schälen und dazupressen. Die Kapern fein hacken. Die Petersilie waschen, die Blättchen ebenfalls fein hacken.

4 Kapern und Petersilie zum Kürbispüree geben und gut untermischen. Mit Salz und Pfeffer abschmecken. Bis zum Servieren kühl stellen und mit frischem Weißbrot oder Vollkornbaguette servieren.

VARIANTE

Das Kürbispüree ißt man mit dem Brot wie einen Dip. Es ist aber auch ein feiner Crostinibelag. Dazu dünne Scheiben Weißbrot im Backofen bei 250° 4–5 Min. rösten, bis sie knusprig sind, heiß mit der Paste bestreichen und eventuell mit kleinen Kapern oder auch Basilikum garnieren. Möglichst rasch servieren.

Kürbisscheiben mit Bröselhaube

- Gut vorzubereiten
- Raffiniert

Für 4 Personen:

1 Stück Kürbis (etwa 600 g)
1 unbehandelte Orange
1–2 getrocknete Chilischoten
1/2 Bund Petersilie
1 Knoblauchzehe
40 g frisch geriebener Parmesan oder Manchego
40 g Semmelbrösel
Salz
4 EL Olivenöl

Zubereitungszeit: 30 Min.
Backzeit: 20 Min.

Pro Portion ca.: 220 kcal
8 g EW/11 g F/24 g KH

1 Den Backofen auf 200° (Umluft 180°) vorheizen. Den Kürbis von den Kernen mit dem faserigen Fruchtfleisch befreien, schälen und in etwa 1/2 cm dicke Scheiben schneiden. Abschnitte fein raspeln.

2 Die Orange heiß waschen und abtrocknen, die Schale fein abreiben. 1/2 Orange schälen und das Fruchtfleisch in kleine Würfel schneiden. Die Chilischoten im Mörser zerkrümeln. Die Petersilie waschen, die Blättchen fein hacken. Den Knoblauch schälen und durchpressen.

3 Das geraspelte Kürbisfleisch mit der Orangenschale und den -würfeln, dem Chillie, der Petersilie, dem Knoblauch, dem Käse und den Semmelbröseln mischen. Mit Salz abschmecken und mit dem Öl zu einer Paste verrühren.

4 Die Kürbisscheiben nebeneinander in eine feuerfeste Form oder aufs Backblech legen, die Paste auf dem Kürbis verteilen. Die Kürbisscheiben im Backofen (Mitte) 20 Min. backen, bis sie gebräunt sind. Lauwarm oder abgekühlt servieren.

Im Bild vorne: Kürbispüree
Im Bild hinten: Kürbisscheiben mit Bröselhaube

Kürbisflan mit Preiselbeersauce

- Vegetarisch
- Raffiniert

Für 4 Personen:

1 Stück Kürbis (etwa 500 g)
100 g Crème fraîche
1 Ei · 1 Eigelb
einige Pfefferminzblättchen
1/2 unbehandelte Zitrone
Salz · schwarzer Pfeffer
1 Prise Cayennepfeffer
1 EL Kürbiskerne
2 Schalotten · 1 EL Butter
50 ml Gemüsefond
50 g Joghurt
2–3 EL Preiselbeeren (aus dem Glas)
1 EL Schnittlauchröllchen
Butter für die Förmchen

Zubereitungszeit: 1 Std.

Pro Portion ca.: 245 kcal
6 g EW/18 g F/14 g KH

1 Den Kürbis putzen, schälen und klein würfeln. Mit der Crème fraîche, dem Ei und dem Eigelb im Mixer fein pürieren.

2 Die Pfefferminze waschen, die Blättchen in feine Streifen schneiden. Die Zitronenhälfte waschen, die Schale fein abreiben. Die Zitrone dann auspressen.

3 Den Backofen auf 160° vorheizen. Die Fettpfanne des Backofens mit heißem Wasser in den Ofen stellen.

4 Vier Souffléförmchen von je etwa 1/4 l Inhalt fetten. Das Kürbispüree mit Pfefferminze, Zitronenschale und 1 EL Saft mischen, gut würzen. Die Masse in die Förmchen füllen und in die Fettpfanne des heißen Ofens stellen. Die Flans im Backofen (Mitte, Umluft 140°) 45 Min. backen.

5 Inzwischen die Kürbiskerne in einer Pfanne ohne Fett rösten und beiseite stellen.

6 Die Schalotten schälen und fein würfeln. Die Butter in einem Topf zerlassen, die Schalotten darin glasig dünsten. Mit dem Gemüsefond aufgießen und zugedeckt einige Min. bei mittlerer Hitze dünsten. Den Joghurt und die Preiselbeeren darin erhitzen. Die Sauce pürieren, mit Salz und Pfeffer abschmecken und zugedeckt warm halten.

7 Die Flans auf Teller stürzen. Die Sauce durchrühren, neben den Flans verteilen. Mit Kürbiskernen und Schnittlauch garnieren.

Marinierter Kürbis mit getrockneten Tomaten

- Gut vorzubereiten
- Für Gäste

Für 4 Personen:

1 Stück Kürbis (etwa 700 g)
1 unbehandelte Zitrone
2 Knoblauchzehen
1/2 Bund Rucola
6–8 getrocknete, in Öl eingelegte Tomaten
4 EL Olivenöl
Salz
50 ml trockener Weißwein (oder Gemüsebrühe)
schwarzer Pfeffer
1 EL Pinienkerne

Zubereitungszeit: 45 Min.
Marinierzeit: 8 Std.

Pro Portion ca.: 420 kcal
17 g EW/12 g F/71 g KH

1 Den Kürbis von den Kernen mit dem faserigen Fruchtfleisch befreien, schälen und in etwa 1/2 cm dicke Scheiben schneiden. Große Scheiben nochmals halbieren.

2 Die Zitrone heiß waschen und abtrocknen. Die Schale dünn abschneiden und in feine Streifen schneiden. Eine Zitronenhälfte auspressen. Knoblauch schälen, längs halbieren und in feine Scheiben schneiden. Rucola waschen und in Streifen schneiden. Tomaten abtropfen lassen und ebenfalls in Streifen schneiden.

3 Öl nach und nach in einer Pfanne erhitzen. Die Kürbisscheiben darin bei mittlerer Hitze portionsweise von beiden Seiten braun braten, in eine flache Form geben und salzen.

4 Wenn alle Scheiben gebraten sind, den Bratfond mit dem Zitronensaft und dem Weißwein ablöschen. 50 ml Wasser dazugeben. Zitronenschale, Knoblauch, Rucola und Tomaten dazugeben, den Sud mit Salz und Pfeffer abschmecken.

5 Den Sud über die Kürbisscheiben gießen und diese mindestens 8 Std. marinieren.

6 Vor dem Servieren die Pinienkerne in einer trockenen Pfanne rösten, bis sie würzig duften. Über den Kürbis streuen.

Im Bild vorne: Kürbisflan mit Preiselbeersauce
Im Bild hinten: Marinierter Kürbis mit getrockneten Tomaten

Fritierte Kürbisstäbchen mit Pesto-Schmand

- Preiswert
- Für Gäste

Für 4 Personen:

1/2 Bund gemischte Kräuter
150 g Schmand
3-4 EL Milch
2 TL Pesto (aus dem Glas oder nach dem Rezept auf Seite 23)
2 TL Zitronensaft
1 Msp. scharfer Senf
Salz · schwarzer Pfeffer
1 Stück Kürbis (etwa 500 g)
2 EL Mehl
750 g Pflanzenfett oder -öl zum Fritieren
Zitronenachtel zum Servieren

Zubereitungszeit: 35 Min.

Pro Portion ca.: 210 kcal
3 g EW/18 g F/10 g KH

1 Für die Sauce die Kräuter waschen, trockenschwenken und die Blättchen sehr fein hacken. Den Schmand mit der Milch verrühren, mit den Kräutern, dem Pesto, dem Zitronensaft, dem Senf, Salz und Pfeffer würzig abschmecken.

2 Den Kürbis von den Kernen mit dem faserigen Fruchtfleisch befreien, schälen und in Pommes frites-große Stäbchen schneiden.

3 Die Stäbchen im Mehl wenden. Das Fett in einem Topf erhitzen. (Es ist heiß genug, wenn an einem hölzernen Löffelstiel, den man hineinhält, viele Bläschen aufsteigen.)

4 Die Kürbisstäbchen in 3-4 Portionen im heißen Fett jeweils 4-5 Min. fritieren. Die fertigen Stäbchen herausheben, auf Küchenpapier abfetten lassen. Die Kürbisstäbchen heiß mit der Sauce und Zitronenachteln servieren.

TIP!

Damit alle Stäbchen schön heiß sind, sollten Sie die fertigen im Backofen bei 70° warm halten. Oder aber alle Stäbchen vor dem Servieren zusammen noch einmal ins heiße Fett geben und ein zweites Mal kurz fritieren.

Kürbis-Zucchini-Carpaccio mit Ingwer-Vinaigrette

- Kalorienarm
- Schnell

Für 4 Personen:

1 walnußgroßes Stück frischer Ingwer
2 Frühlingszwiebeln
1 Bund Schnittlauch
5 EL Zitronensaft
Salz · schwarzer Pfeffer
2 1/2 EL Sesamöl
2 1/2 EL Sonnenblumenöl
1 Stück Kürbis (etwa 350 g)
2 junge Zucchini (etwa 150 g)
1 EL Sesamsamen

Zubereitungszeit: 20 Min.

Pro Portion ca.: 135 kcal
2 g EW/11 g F/6 g KH

1 Den Ingwer schälen, grob zerkleinern und durch die Knoblauchpresse drücken. Frühlingszwiebeln waschen und putzen. Das grüne Zwiebelgrün in feine Ringe schneiden und zum Bestreuen beiseite legen, die Zwiebeln fein hacken. Schnittlauch waschen und in Röllchen schneiden.

2 Zitronensaft mit Salz, Pfeffer, Ingwer und gehackten Zwiebeln verrühren. Beide Ölsorten nach und nach unterschlagen. Schnittlauchröllchen untermengen.

3 Kürbis von den Kernen und dem faserigen Fruchtfleisch befreien und schälen. Zucchini waschen und die Enden abschneiden.

4 Kürbis und Zucchini mit dem Gurkenhobel in feine Scheiben hobeln. Dachziegelartig überlappend und abwechselnd auf vier großen Tellern auslegen. Die Ingwer-Vinaigrette darüber verteilen, die Zwiebelringe aufstreuen.

5 Sesam in einer Pfanne ohne Fett unter Rühren bei mittlerer Hitze rösten, bis er würzig duftet. Dann über dem Carpaccio verteilen. Mit frischem Baguette servieren.

Im Bild vorne:
Kürbis-Zucchini-Carpaccio mit Ingwer-Vinaigrette
Im Bild hinten:
Fritierte Kürbisstäbchen mit Pesto-Schmand

Kürbissalat mit Fisch

● Raffiniert
● Für Gäste

Für 4 Personen:

200 g Lachsforellenfilets
1 Knoblauchzehe
1 Stück frischer Ingwer
2 TL Sojasauce
1 TL Honig
1 EL Zitronensaft
1 Stück Kürbis (etwa 350 g)
1/2 kleine Honig- oder Galiamelone
100 g Kirschtomaten
1 Bund Basilikum
3 Wacholderbeeren
4 schwarze Pfefferkörner
2-3 EL Apfelessig · Salz
4 EL Olivenöl

Zubereitungszeit: 30 Min.

Pro Portion ca.: 175 kcal
11 g EW/10 g F/12 g KH

1 Fischfilets in 1/2 cm breite Streifen schneiden. Knoblauch und Ingwer schälen und durch die Presse drükken. Mit Sojasauce, Honig und Zitronensaft mischen, mit den Fischstreifen vermengen.

2 Kürbis putzen, schälen und sehr klein würfeln. Melone entkernen, schälen und würfeln. Tomaten waschen und vierteln. Basilikum waschen, in Streifen schneiden.

3 Wacholder und Pfeffer im Mörser zerstoßen, mit Essig und Salz verrühren. Öl unterschlagen. Kürbis, Melone, Tomaten und Basilikum mit der Marinade mischen. Auf vier Teller verteilen.

4 Eine beschichtete Pfanne erhitzen. Fisch darin 2 Min. braten, salzen und auf dem Salat verteilen.

Kürbiswürfel auf Rucola

● Kalorienarm
● Schnell

Für 4 Personen:

1 Stück Kürbis (etwa 600 g)
2 Bund Rucola
1 Bund Frühlingszwiebeln
2 EL Raps- oder Sonnenblumenöl
2 TL Kürbiskernöl
1 knapper EL körniger Senf
3 EL Joghurt
Salz · schwarzer Pfeffer
2 TL Zitronensaft

Zubereitungszeit: 25 Min.

Pro Portion ca.: 100 kcal
3 g EW/7 g F/8 g KH

1 Den Kürbis von den Kernen mit dem faserigen Fruchtfleisch befreien, schälen und in Würfel von etwa 1 cm Größe schneiden. Würfel in einen Dämpfeinsatz in einen Topf stellen. Etwa 2 cm hoch Wasser angießen und zum Kochen bringen. Den Kürbis zugedeckt bei starker Hitze in 8-10 Min. bißfest garen.

2 Inzwischen Rucola waschen und trockenschwenken, sehr grobe Stiele abzupfen. Frühlingszwiebeln putzen, waschen und in feine Ringe schneiden. Rucola und Frühlingszwiebeln mischen.

3 Gegarten Kürbis aus dem Topf heben, warm halten. 50 ml Sud abmessen, mit Öl, Senf und Joghurt verrühren und mit Salz, Pfeffer und Zitronensaft abschmecken.

4 Kürbis mit der Sauce mischen und auf dem Rucola verteilen.

Blattsalate mit Kürbis

- Gelingt leicht
- Für Gäste

Für 4 Personen:

1 kleiner Romanasalat
1 kleiner Kopf Radicchio
50 g Alfalfasprossen
1 Stück Kürbis (etwa 300 g)
1 EL Zitronensaft
2 EL Rotweinessig
1 Msp. körniger Senf
Salz · schwarzer Pfeffer
5 EL Olivenöl
1 EL Kürbiskerne

Zubereitungszeit: 25 Min.

Pro Portion ca.: 135 kcal
3 g EW/12 g F/5 g KH

1 Romanasalat und Radicchio waschen und gut trockenschwenken. In mundgerechte Stükke zupfen. Alfalfa kalt abspülen und abtropfen lassen.

2 Kürbis von den Kernen mit dem faserigen Fruchtfleisch befreien, schälen und in kleine Würfel schneiden. Mit dem Zitronensaft mischen.

3 Für das Dressing Essig mit Senf, Salz, Pfeffer und 4 EL Öl gründlich verquirlen.

4 Übriges Öl in einer Pfanne erhitzen. Die Kürbiswürfel darin bei mittlerer Hitze unter Rühren 4 Min. braten. Die Kürbiskerne dazugeben und 1 weitere Min. braten. Salzen und pfeffern.

5 Die Salate mit dem Dressing mischen, Alfalfa unterheben. Den Salat auf Teller verteilen, mit dem Kürbis bestreuen und möglichst sofort servieren.

Apfel-Kürbis-Rohkost

- Preiswert
- Schnell

Für 4 Personen:

Für die Petersiliensauce:
1 großes Bund Petersilie
1/2 TL Fenchelsamen
3–4 EL Zitronensaft
3–4 EL Rapsöl
Salz · schwarzer Pfeffer
1 Prise Cayennepfeffer
Für die Rohkost:
350 g Kürbis (am besten Butternut)
1–2 säuerliche Äpfel (je nach Größe)
1 EL Sonnenblumenkerne
Radicchioblätter zum Anrichten

Zubereitungszeit: 20 Min.

Pro Portion ca.: 180 kcal
2 g EW/15 g F/9 g KH

1 Für die Sauce die Petersilie waschen, abtrocknen und die Blättchen abzupfen. Mit Fenchelsamen, Zitronensaft und Öl mit dem Pürierstab fein zerkleinern. Mit Salz, Pfeffer und Cayennepfeffer abschmecken.

2 Den Kürbis von den Kernen mit dem faserigen Fruchtfleisch befreien und schälen. Die Äpfel schälen, vierteln und von den Kerngehäusen befreien. Beides fein raspeln und mischen.

3 Radicchioblätter waschen und trockenschwenken. Vier Teller damit auslegen. Die Kürbismischung darauf anrichten und mit der Sauce beträufeln. Die Sonnenblumenkerne in einer trockenen Pfanne bei mittlerer Hitze anrösten. Über die Rohkost streuen.

Suppen und Eintöpfe

Die größte Auswahl an verschiedenen Kürbisarten finden Sie meist auf Wochenmärkten am Biostand.

Kürbis einkaufen

Kürbisse müssen schwer sein. Sie sollen sogar mehr wiegen, als ihr Anblick vermuten läßt. Ein zu leichter Kürbis hat viele Kerne und wenig eßbares Fruchtfleisch.
Stücke vom Kürbis sollten an den Schnittflächen schön feucht aussehen, nicht angetrocknet und natürlich auch nicht faulig sein. In Klarsichtfolie verpackt, hält sich so ein Stück Kürbis im Kühlschrank bis zu 1 Woche.
Wenn Sie einen ganzen Kürbis kaufen, sollte er rundherum unbeschädigt sein. Schon kleine Druckstellen oder Verletzungen in der Schale verkürzen die Lagerdauer.

Kürbis lagern

Von September an, dem Haupt-Erntetermin der frostempfindlichen Kürbisse, kann man einen ganzen Kürbis 4-6 Monate lagern.
Dazu brauchen Sie einen kühlen, trockenen und möglichst dunklen Platz. Ideal ist eine Temperatur von etwa 10°.
Nach dem Anschneiden muß auch ein ganzer Kürbis mit Folie vor dem Austrocknen geschützt, kühl gelagert und bald verbraucht werden.

Kürbis – köstlich auch im Suppentopf.

Die richtige Vorbereitung

Zuerst schneidet man den Kürbis in handliche Stücke. Von ganzen Kürbissen am besten mit einem großen Messer Spalten herausschneiden. Dann die Kerne samt dem faserigen Fruchtfleisch knapp vom festeren Fruchtfleisch entfernen. Den Kürbis seitlich aufs Küchenbrett legen und die Schale mit einem scharfen Messer Stück für Stück abschneiden. Nur junge Kürbisse lassen sich mit einem Kartoffelschäler schälen.
Kürbisse mit gerillter Schale schneiden Sie am besten entlang der Rillen in Stücke, dann lassen sie sich leichter schälen. Dann den Kürbis je nach Verwendung schneiden. Hat man die Schale und die Kerne gründlich entfernt, hat sich eine beachtliche Menge gesammelt. Mit etwa einem Viertel Abfall muß man rechnen. In den Rezepten ist das Gewicht des Kürbis vor dem Putzen angegeben.

Kürbis im Garten

Wer selbst im Garten Kürbisse züchten möchte, kann die Samen eines besonders wohlschmeckenden Exemplars trocknen. Dazu die Samen in Wasser waschen und anschließend mit einem Tuch abreiben, um alle Fruchtfleischreste zu entfernen. Dann die Samen nebeneinander trocknen lassen; die Temperatur sollte dabei nicht mehr als 30° betragen. Trocken und kühl gelagert bleiben die Samen jetzt einige Jahre keimfähig. Samen dann Anfang April in Töpfen im Zimmer ansäen und Mitte bis Ende Mai ins Freiland setzen.

Spezialität Kürbiskernöl

In der Steiermark wird es hauptsächlich hergestellt, das würzige und kräftig grüne Kernöl. Man bereitet damit vor allem einen Salat aus gekochtem Tafelspitz zu und serviert dazu knusprig gebratene Röstkartoffeln. Es paßt auch gut auf eine Suppe. Als Salatöl muß man es mit einem anderen neutralen Öl mischen, sonst schmeckt es zu intensiv.
Die geöffnete Flasche kommt am besten in den Kühlschrank.
Kürbiskernöl wird aus den Samen des Ölkürbis, einer Art der Gartenkürbisse, gewonnen. Diese Samen haben keine Schale, sondern nur ein dünnes Häutchen. Die getrockneten Kerne zermahlt man, um sie anschließend mit Wasser und Salz zu verkneten. Dieser Brei wird nun vorsichtig geröstet und dann gepreßt. Für 1 l Öl braucht man bis zu 30 reife Kürbisse, was den nicht ganz geringen Preis durchaus rechtfertigt.
Wie die ganzen Kürbiskerne enthält das Öl ungesättigte Fettsäuren sowie zahlreiche Vitamine und Mineralstoffe. Es beeinflußt den Cholesterinspiegel positiv, da es körpereigenes Cholesterin bindet.

Attraktiv rankt sich die Kürbispflanze durch den Garten.

Kürbissuppe mit Speckklößchen

- Preiswert
- Raffiniert

Für 4 Personen:

Für die Suppe:
1 Stück Kürbis (etwa 600 g)
1 mehligkochende Kartoffel
1 Bund Suppengrün
1 EL Öl
1 l Gemüsebrühe
2–3 EL cremige saure Sahne (Seite 37)
Salz · Pfeffer
Für die Klößchen:
150 g altbackenes Misch- oder Vollkornbrot
1/8 l Milch · 1 Zwiebel
80 g durchwachsener Räucherspeck
1 Bund Schnittlauch
1 Ei
schwarzer Pfeffer · Salz

Zubereitungszeit: 50 Min.

Pro Portion ca.: 390 kcal
14 g EW/18 g F/32 g KH

1 Kürbis putzen, schälen und grob würfeln. Kartoffel schälen und würfeln. Suppengrün waschen, putzen und würfeln.

2 Das Öl in einem Topf erhitzen. Gemüse und Suppengrün darin anbraten, mit der Brühe aufgießen und zugedeckt bei mittlerer Hitze in 30 Min. weich köcheln lassen.

3 Für die Klößchen das Brot würfeln und in eine Schüssel geben. Die Milch erhitzen und darüber gießen. Das Brot 10–15 Min. quellen lassen.

4 Die Zwiebel schälen und möglichst fein hacken. Den Speck klein würfeln und mit der Zwiebel in einer Pfanne bei mittlerer Hitze braten, bis beides glasig ist. Schnittlauch waschen und in Röllchen schneiden.

5 Speck-Zwiebel-Mischung, Ei und die Hälfte vom Schnittlauch zum Brot geben, gut pfeffern und nur leicht salzen. Alles sehr gründlich zu einem gebundenen Teig mischen. Teig zu tischtennisballgroßen Klößchen formen.

6 Kürbissuppe im Topf pürieren, die saure Sahne untermischen und mit Salz und Pfeffer abschmecken. Die Klößchen einlegen und in der Suppe 10 Min. ziehen lassen. Dann mit dem übrigen Schnittlauch bestreuen und servieren.

Kürbis-Tomaten-Suppe mit Kartoffelwürfeln

- Raffiniert
- Vegetarisch

Für 4 Personen:

1 Stück Kürbis (etwa 600 g) oder 2 Patissons
800 g vollreife Tomaten
1 rote Zwiebel
1 Bund Basilikum
3 EL Olivenöl
1/2 l Gemüsebrühe
Salz · schwarzer Pfeffer
250 g festkochende Kartoffeln
2–3 Knoblauchzehen
4 TL Crème fraîche

Zubereitungszeit: 35 Min.

Pro Portion ca.: 200 kcal
5 g EW/9 g F/22 g KH

1 Den Kürbis von den Kernen mit dem faserigen Fruchtfleisch befreien, schälen und möglichst klein würfeln. Oder die Patissons waschen, putzen und ebenfalls würfeln.

2 Die Tomaten von den Stielansätzen befreien, überbrühen, abschrecken, häuten und klein würfeln. Zwiebel schälen und hacken. Basilikum waschen, die Hälfte der Blättchen beiseite legen, den Rest fein hacken.

3 In einem Suppentopf 1 EL Öl erhitzen. Zwiebel darin glasig dünsten. Kürbis und gehacktes Basilikum kurz andünsten. Tomaten und Brühe dazugeben und zum Kochen bringen. Suppe salzen, pfeffern und zugedeckt bei mittlerer Hitze 15 Min. köcheln lassen.

4 Kartoffeln schälen, in etwa 1/2 cm große Würfel schneiden. Das übrige Öl in einer beschichteten Pfanne erhitzen. Die Kartoffelwürfel darin bei mittlerer Hitze 10 Min. weich braten. Den Knoblauch schälen und durch die Presse über die Kartoffeln drücken. Salzen und pfeffern.

5 Das restliche Basilikum in Streifen schneiden. Die Suppe abschmecken, mit Kartoffelwürfeln bestreuen und mit Basilikum und je 1 TL Crème fraîche garnieren.

Im Bild vorne: Kürbis-Tomaten-Suppe mit Kartoffelwürfeln
Im Bild hinten: Kürbissuppe mit Speckklößchen

Kürbiscreme mit Kernöl

- Vegetarisch
- Raffiniert

Für 4 Personen:

1 Stück Kürbis (etwa 900 g)
150 g mehligkochende Kartoffeln
10 Wacholderbeeren
2 EL Butter
1 l Gemüsebrühe
Salz · schwarzer Pfeffer
1 EL Apfelessig
2 Scheiben Toastbrot
2 EL Kürbiskerne
1 EL Schnittlauchröllchen
2–4 EL Kürbiskernöl

Zubereitungszeit: 35 Min.

Pro Portion ca.: 295 kcal
6 g EW/18 g F/25 g KH

1 Kürbis und Kartoffeln putzen, schälen und kleinschneiden. Die Wacholderbeeren im Mörser fein zerstoßen.

2 Die Hälfte der Butter zerlassen. Kürbis- und Kartoffelwürfel darin mit dem Wacholder kurz dünsten. Mit der Brühe ablöschen. Mit Salz und Pfeffer würzen und zugedeckt bei mittlerer Hitze 10-15 Min. köcheln, bis das Gemüse weich ist.

3 Suppe im Topf pürieren. Essig einrühren und zugedeckt warm halten.

4 Brot würfeln, in der übrigen Butter mit den Kürbiskernen bei mittlerer Hitze knusprig braten.

5 Die Suppe in vorgewärmte Teller geben, mit etwas Brotmischung und Schnittlauch bestreuen und mit Kürbiskernöl beträufeln.

Kürbissuppe mit Linsen

- Preiswert
- Gut vorzubereiten

Für 4 Personen:

1 große Zwiebel
1/2 Bund Thymian
2 EL Olivenöl
100 g Puy-Linsen
1 l Gemüsebrühe
1–2 getrocknete Chilischoten
1 Stück Kürbis (etwa 1 kg)
6 EL Sahne
2 EL Apfelessig
Salz

Zubereitungszeit: 55 Min.

Pro Portion ca.: 270 kcal
9 g EW/10 g F/34 g KH

1 Zwiebel schälen und fein würfeln. Thymian waschen, trocknen und die Blättchen von den Stielen streifen.

2 Olivenöl in einem Suppentopf erhitzen. Zwiebel mit Thymian und Linsen darin andünsten. Mit Brühe ablöschen und zum Kochen bringen. Chilischoten zerbröseln und dazugeben. Bei mittlerer Hitze 30-40 Min. zugedeckt köcheln lassen, bis die Linsen gar, aber nicht zu weich sind.

3 Inzwischen den Kürbis von den Kernen mit dem faserigen Fruchtfleisch befreien, schälen und klein würfeln.

4 Kürbiswürfel mit der Sahne in die Suppe geben und alles weitere 5 Min. kochen lassen. Suppe mit Essig und Salz abschmecken und servieren.

Kürbis-Kokos-Suppe

- Gelingt leicht
- Kalorienarm

Für 4 Personen:

- **1 Stück Kürbis (etwa 700 g)**
- **1 getrocknete Chilischote**
- **2 Knoblauchzehen**
- **3 EL Öl**
- **1 Dose Kokosmilch (400 ml)**
- **600 ml Gemüsebrühe**
- **Salz**
- **4–5 EL Zitronensaft**
- **2 große rote Zwiebeln**
- **1 Bund Schnittlauch**

Zubereitungszeit: 35 Min.

Pro Portion ca.: 160 kcal
4 g EW/8 g F/16 g KH

1 Kürbis von Kernen, faserigem Fruchtfleisch und Schale befreien und klein würfeln. Chilischote zerkrümeln. Knoblauch schälen und hacken.

2 In einem Suppentopf 1 EL Öl erhitzen. Knoblauch und Chillie darin andünsten, Kürbis kurz mitdünsten. Mit Kokosmilch und Brühe aufgießen, salzen und zugedeckt bei mittlerer Hitze 15 Min. köcheln. Dann Zitronensaft dazugeben.

3 Inzwischen Zwiebeln schälen, längs halbieren und in feine Streifen schneiden. Restliches Öl heiß werden lassen. Zwiebeln darin bei mittlerer Hitze unter Rühren 10 Min. braten.

4 Schnittlauch waschen und in 2-3 cm lange Stücke schneiden.

5 Die Suppe pürieren, eventuell nachwürzen. Zwiebeln salzen und mit dem Schnittlauch auf die Suppe streuen.

Kürbis-Curry-Suppe

- Gelingt leicht
- Vegetarisch

Für 4 Personen:

- **1 Stück Kürbis (etwa 600 g)**
- **500 g Blattspinat**
- **1 gut walnußgroßes Stück Ingwer**
- **1 Zwiebel**
- **3 EL Butterschmalz**
- **1 EL Currypulver**
- **1 l Gemüsebrühe**
- **Salz**
- **2 EL Cashewnußkerne**

Zubereitungszeit: 30 Min.

Pro Portion ca.: 225 kcal
4 g EW/16 g F/16 g KH

1 Kürbis schälen und sehr klein würfeln. Spinat verlesen, von den dicken Stielen befreien und gründlich kalt waschen. Abtropfen lassen. Ingwer und Zwiebel schälen und sehr fein hacken.

2 In einem großen Topf 2 EL Butterschmalz erhitzen. Zwiebel und Ingwer darin andünsten. Mit dem Curry bestäuben, 1 Min. unter Rühren dünsten. Kürbis gut unterrühren.

3 Brühe angießen und zum Kochen bringen. Die Suppe zugedeckt bei mittlerer Hitze 10 Min. köcheln lassen. Salzen, Spinat untermischen und zugedeckt in 2-3 Min. zusammenfallen lassen.

4 Inzwischen Cashewnußkerne grob zerbrechen und im restlichen Schmalz goldgelb rösten. Suppe mit den Nüssen bestreuen und servieren.

Kürbis-Kartoffel-Topf mit Mohn

- Gelingt leicht
- Vegetarisch

Für 4 Personen:

700 g gleich große festkochende Kartoffeln
1 Stück Kürbis (etwa 800 g)
2 Knoblauchzehen
1 rote Zwiebel
200 g Kirschtomaten
2 EL Öl
3 EL Mohnsamen
1 Döschen gemahlener Safran
400 ml Gemüsebrühe
Salz · Pfeffer
1 TL Paprika, rosenscharf
1 Bund Schnittlauch
250 g cremige saure Sahne (Seite 37)
2–4 TL Zitronensaft

Zubereitungszeit: 35 Min.

Pro Portion ca.: 315 kcal
8 g EW/14 g F/36 g KH

1 Die Kartoffeln schälen und der Länge nach halbieren oder vierteln. Den Kürbis von den Kernen und dem faserigen Fruchtfleisch befreien, schälen und in 1 cm große Würfel schneiden.

2 Den Knoblauch und die Zwiebel schälen und fein hacken. Die Tomaten waschen und halbieren.

3 Das Öl in einer tiefen Pfanne erhitzen. Die Kartoffeln darin bei mittlerer Hitze unter Rühren 5 Min. braten. Kürbis mit Knoblauch, Zwiebel und Mohn mitdünsten.

4 Den Safran in der Gemüsebrühe anrühren und dazugießen. Alles mit Salz, Pfeffer und Paprika würzen. Zugedeckt bei mittlerer Hitze 12–15 Min. schmoren, bis die Kartoffeln weich sind.

5 Den Schnittlauch waschen und in Röllchen schneiden. Unter die saure Sahne mischen und mit Zitronensaft und Salz abschmecken.

6 Die Tomaten unter den Kürbistopf mischen und heiß werden lassen. Mit der Schnittlauchcreme servieren.

Kürbis-Geflügel-Topf

- Raffiniert
- Für Gäste

Für 4 Personen:

1 Hokkaido-Kürbis (etwa 2 1/4 kg)
Salz
300 g Broccoli
500 g Hühnerbrustfilets
2 Zwiebeln
2 EL Butterschmalz
schwarzer Pfeffer
3/8 l Hühnerbrühe
1 EL Mandelblättchen
2 Frühlingszwiebeln
3 EL Crème fraîche
2–3 TL scharfer Senf
abgeriebene Schale und Saft von 1/2 unbehandelten Zitrone

Zubereitungszeit: 45 Min.

Pro Portion ca.: 585 kcal
45 g EW/24 g F/44 g KH

1 Den Kürbis waschen, oben großzügig einen Deckel abschneiden.

Das Kürbisfleisch mit einem Messer bis auf einen gut 1 cm breiten Rand herausschneiden. Kerne mit dem faserigen Fruchtfleisch wegwerfen. Vom Kürbisfleisch etwa 400 g abmessen und würfeln (den Rest kühl stellen, bald für ein anderes Gericht verwenden oder z.B. für eine Suppe einfrieren).

2 In einem breiten Topf Salzwasser zum Kochen bringen. Den Broccoli waschen, die Röschen abschneiden, die Stiele schälen und in Scheiben schneiden. Beides 2 Min. kochen. Abgießen, kalt abschrecken und abtropfen lassen.

3 Das Hühnerfleisch kalt waschen, trockentupfen und in 1 cm große Würfel schneiden. Die Zwiebeln schälen, halbieren und in feine Streifen schneiden.

4 Die Hälfte vom Butterschmalz in einer tiefen Pfanne erhitzen. Das Hühnerfleisch darin rundherum kräftig anbraten, salzen, pfeffern und wieder herausnehmen. Das restliche Butterschmalz in die Pfanne geben, die Zwiebeln darin glasig dünsten. Unter Rühren einige Min. braten, bis sie leicht gebräunt sind.

Kürbis und Broccoli dazugeben und kurz mitbraten.

5 Das Hühnerfleisch wieder dazugeben, die Brühe angießen und alles zugedeckt bei mittlerer Hitze 10 Min. köcheln lassen.

6 Inzwischen die Mandelblättchen in einer trockenen Pfanne ohne Fett goldgelb rösten. Frühlingszwiebeln putzen, gründlich waschen und mit dem zarten Grün in feine Ringe schneiden.

7 Die Crème fraîche unter das Ragout rühren und mit dem Senf, der Zitronenschale und dem Saft abschmecken.

8 Das Hühnerragout in den ausgehöhlten Kürbis füllen, mit den Mandeln und den Frühlingszwiebeln bestreut servieren. Dazu schmecken Kartoffeln oder Reis.

Im Bild vorne: Kürbis-Kartoffel-Topf mit Mohn
Im Bild hinten: Kürbis-Geflügel-Topf

Vegetarische Hauptgerichte

Leider ist die Vielseitigkeit des Kürbis ein bißchen in Vergessenheit geraten. Daß man aus ihm viel mehr zubereiten kann als nur eine Suppe, haben Sie ja nun schon feststellen können. Hier möchte ich ein paar Grundrezepte vorstellen. Sie sind entweder für einige Rezepte wichtig (wie das Kürbispüree), oder sie bringen ein besonderes Extra in Ihre Küche (wie das Kürbiskernpesto).

Kürbispüree aus dem Backofen herstellen

Püree von gegartem Kürbis braucht man für Aufstriche und Cremes oder als Grundlage für einen Teig. Meist benötigt man dafür ein eher trockenes Püree, wie für die Gnocchi (Seite 34). Deshalb ist die beste Methode das Backen im Ofen. Dazu ein Stück Kürbis nur von den Kernen und dem faserigen Fruchtfleisch befreien und nicht schälen. Das Stück auf ein Backblech oder in eine feuerfeste Form legen und in den auf 200° (Umluft 180°) vorgeheizten Backofen schieben. Nach 40 Min. ist das Fruchtfleisch weich. Es muß kurz abkühlen und kann dann mit einem Löffel aus der Schale gelöst und püriert werden.

Das gegarte und etwas abgekühlte Kürbisfleisch läßt sich leicht mit einem Löffel aus der Schale lösen.

Kürbispüree dämpfen

Wenn es allerdings gleich ist, wie feucht das Püree wird, geht es mit Dämpfen schneller. Dazu den Kürbis nach dem Putzen schälen und in 1-2 cm große Würfel schneiden. Die Würfel in einen Siebeinsatz legen, diesen in einen ausreichend großen Topf stellen. Etwa 2 cm hoch Wasser in den Topf geben und zum Kochen bringen. Den Topf zudecken und den Kürbis bei starker Hitze über Dampf in 15 Min. gut weich dämpfen. Ausdampfen lassen und pürieren. Wer gleich mehr Püree macht, kann das, was übrigbleibt, einfrieren. Auch gut: das heiße Püree mit Salz, Pfeffer und etwas Zitronensaft abschmecken und als Beilage zu Kartoffeln, Fleisch oder Fisch servieren.

Kürbisblüten zubereiten

Vielleicht kennen Sie die kräftig gelben Blüten aus Italien. Auch bei uns kommen nicht mehr nur Gartenbesitzer in den Genuß der hübschen Blüten, sie werden inzwischen auf vielen Wochenmärkten angeboten.

Vor ihrer Verwendung wird immer der Stempel aus dem Inneren der Blüten vorsichtig herausgeschnitten. Waschen sollten Sie die Blüten besser nicht, sie sind zu zart.
Gut schmecken die Blüten als Vorspeise, z.B. durch Ausbackteig gezogen und in heißem Fett knusprig fritiert.

Für den Teig 2 Eier mit 100 g Mehl und 1 kräftigen Prise Salz zu einem eher zähflüssigen Teig verrühren. Kürbisblüten durch diesen Teig ziehen und in heißem Fett 3 Min. fritieren.

Wer möchte, füllt sie vorher mit 1 Stück Sardelle oder mit Käse. Man kann die Blüten auch im Ofen schmoren. Dazu eine Füllung aus weichem Ricotta mit wenigen Tomatenwürfeln, Knoblauch, Basilikum und geriebenem Pecorino rühren, in die Blüten füllen und diese oben etwas zusammendrehen. Nebeneinander in eine feuerfeste Form setzen. Etwa 1/2 cm hoch trockenen Weißwein angießen und die Blüten im heißen Ofen bei 220° (Umluft 200°) 20 Min. backen, bis sie leicht gebräunt sind. Und noch eine Möglichkeit: die Blüten grob zerschneiden und kurz vor dem Ende der Garzeit unter feinen Risotto oder eine leichte Sahnesauce zu Nudeln ziehen.

Kürbiskernpesto

Zu Nudeln und Gnocchi, zu gekochten Rondini oder Patissons schmeckt dieses Pesto ausgezeichnet:
2 Bund Schnittlauch und 1 Frühlingszwiebel waschen, putzen und kleinschneiden. 100 g Kürbiskerne grob hacken, dann mit dem Schnittlauch und der Frühlingszwiebel im Mörser fein zerstoßen oder im Mixer durchmixen. 1 EL Kürbiskernöl und etwa 8 EL Sonnenblumenöl untermischen, mit 50 g frisch geriebenem Pecorino oder Manchego zu einer cremigen Paste verrühren. Mit Salz und Pfeffer abschmecken. Zur Aufbewahrung füllen Sie das Pesto in ein sauberes Schraubglas, geben eine Schicht Sonnenblumenöl darauf, so daß es luftdicht verschlossen ist und stellen es in den Kühlschrank. So bleibt es mehrere Wochen frisch. Allerdings müssen Sie die Ölschicht jedes Mal wieder auffüllen.

Kürbis-Schalotten-Puffer

- Preiswert
- Gelingt leicht

Für 4 Personen:

- 1 Stück Kürbis (etwa 800 g)
- 3-4 Schalotten
- 2 Knoblauchzehen
- 1 Kästchen Gartenkresse
- 2 große Eier
- 4 EL Mehl
- 1 EL Kürbiskerne
- 1 TL abgeriebene unbehandelte Zitronenschale
- Salz · Pfeffer
- Cayennepfeffer
- 2 TL Kürbiskernöl
- 2 1/2 EL Butterschmalz zum Braten

Zubereitungszeit: 35 Min.

Pro Portion ca.: 220 kcal
7 g EW/14 g F/17 g KH

1 Den Kürbis von den Kernen mit dem faserigen Fruchtfleisch befreien, schälen und fein raspeln. Falls sich dabei Flüssigkeit bildet, diese abgießen.

2 Die Schalotten schälen, vierteln und in feine Streifen schneiden. Den Knoblauch schälen und fein hakken. Die Kresse vom Beet schneiden.

3 Alles mit den Eiern, dem Mehl, den Kürbiskernen und der Zitronenschale mischen. Mit Salz, Pfeffer, Cayennepfeffer und dem Kernöl würzen und gründlich verrühren.

4 In einer beschichteten Pfanne etwas Butterschmalz heiß werden lassen. Mit einem Löffel Puffer in die Pfanne setzen, bei mittlerer Hitze 4 Min. braten, wenden und weitere 4 Min. braten.

5 Die gebackenen Puffer herausnehmen und im Backofen bei 50° (Umluft auch 50°) auf einem Teller warm halten. Aus dem übrigen Teig ebenfalls Puffer backen, dabei jeweils etwas Butterschmalz in die Pfanne geben. Dazu schmecken cremiger Joghurt und ein gemischter Blattsalat.

TIP!

Falls von den Puffern etwas übrigbleibt, können Sie sie am nächsten Tag auf ein Backblech legen, mit je 1 Scheibe Tomate und Mozzarella belegen und im vorgeheizten Backofen bei 250° (Umluft 230°) 5-8 Min. backen, bis sie heiß sind und der Käse zerlaufen und gebräunt ist.

Kartoffeln mit Kürbis-Feta-Füllung

- Vegetarisch
- Raffiniert

Für 4 Personen:

- 8-10 gleich große Kartoffeln (etwa 1 kg)
- 1 Stück Kürbis (etwa 500 g)
- 2 Knoblauchzehen
- 10 schwarze Oliven
- 1 EL Kapern nach Belieben
- 1 Bund Dill
- 200 g Fetakäse
- 4 EL Joghurt
- Salz · schwarzer Pfeffer
- 1 kräftige Prise gemahlener Kreuzkümmel
- 2 EL Olivenöl

Zubereitungszeit: 35 Min.
Backzeit: 25 Min.

Pro Portion ca.: 360 kcal
13 g EW/17 g F/39 g KH

1 Die Kartoffeln waschen und in der Schale in wenig Wasser 20 Min. vorgaren.

2 Inzwischen den Kürbis von den Kernen mit dem faserigen Fruchtfleisch befreien, schälen und fein raspeln. Knoblauch schälen und durch die Presse dazudrücken. Oliven in Streifen vom Stein schneiden. Eventuell die Kapern hacken. Dill waschen und fein hacken. Alles zum Kürbis geben.

3 Den Fetakäse mit einer Gabel sehr fein zerdrücken und mit dem Joghurt unter den Kürbis rühren. Mit Salz, Pfeffer und Kreuzkümmel pikant abschmecken.

4 Die Kartoffeln etwas ausdämpfen lassen. Dann längs halbieren und mit einem scharfkantigen Teelöffel bis auf einen knapp 1 cm dicken Rand aushöhlen. Das Ausgehöhlte fein schneiden.

5 Den Backofen auf 200° (Umluft 180°) vorheizen. Die Hälfte des ausgehöhlten Kartoffelfleisches (Rest für eine Suppe verwenden) unter die Füllung mischen, nochmals abschmecken. Die Masse in die ausgehöhlten Kartoffeln füllen, diese nebeneinander in eine feuerfeste Form setzen und mit dem Öl beträufeln.

6 Die Kartoffeln im Backofen (Mitte) 25 Min. backen, bis sie gebräunt sind.

Im Bild vorne und hinten: Kartoffeln mit Kürbis-Feta-Füllung
Im Bild Mitte: Kürbis-Schalotten-Puffer

Spaghettikürbis mit Lauch und Kapern

● Kalorienarm
● Raffiniert

Für 4 Personen:

1 Spaghettikürbis (etwa 1 1/2 kg)
2 Stangen Lauch
2 Knoblauchzehen
1 großes Bund Rucola
4–6 getrocknete, in Öl eingelegte Tomaten
1–2 EL Kapern
2 EL Olivenöl
80 ml Gemüsebrühe
Salz · schwarzer Pfeffer
Parmesan, frisch gerieben

Zubereitungszeit: 40 Min.

Pro Portion ca.: 350 kcal
16 g EW/7 g F/62 g KH

1 Den Spaghettikürbis waschen und der Länge nach halbieren, die Kerne mit einer Küchenschere entfernen.

2 Die Hälften nebeneinander mit der Schale nach unten in einen weiten Topf geben. Etwa 5 cm hoch Wasser angießen und zum Kochen bringen. Kürbis zugedeckt bei mittlerer Hitze 30 Min. garen, bis das Fruchtfleisch wie Spaghetti aussieht.

3 Währenddessen den Lauch putzen und gründlich waschen. Die hellen Teile in Streifen schneiden. Den Knoblauch schälen und fein hacken. Den Rucola waschen, einige Blättchen beiseite legen, den Rest grob hacken. Die Tomaten würfeln. Die Kapern grob hacken.

4 Das Öl erhitzen. Lauch und Knoblauch darin andünsten. Kapern, Tomaten, Rucola und Brühe dazugeben. Salzen, pfeffern und zugedeckt bei mittlerer Hitze 5 Min. dünsten.

5 Das Fruchtfleisch mit einer Gabel lockern und aus dem Kürbis lösen, es zerfällt dabei zu spaghettiähnlichen Schnüren. Zum Lauch geben und alles locker mischen. Mit dem übrigen Rucola garnieren. Mit Käse bestreuen.

TIP!

Falls Sie keinen Spaghettikürbis bekommen, nehmen Sie ein großes Stück geputzten Kürbis. Schneiden Sie ihn in dünne Scheiben, diese in feine Streifen. In Salzwasser in 2–4 Min. bißfest kochen, mit einem Schaumlöffel herausheben und mit Sauce servieren.

Penne mit Kürbis-Tomaten-Sugo

● Preiswert
● Gelingt leicht

Für 4 Personen:

2 Schalotten
1 Stück Kürbis (etwa 500 g)
1 frische rote Chilischote
3 Tomaten
Salz
400 g Penne
2 EL Olivenöl
1/8 l trockener Weißwein (oder Gemüsefond)
schwarzer Pfeffer

Zubereitungszeit: 30 Min.

Pro Portion ca.: 465 kcal
15 g EW/5 g F/84 g KH

1 Die Schalotten schälen, der Länge nach halbieren und quer in feine Streifen schneiden. Den Kürbis von den Kernen mit dem faserigen Fruchtfleisch befreien, schälen und klein würfeln.

2 Die Chilischote waschen, vom Stielansatz und den Kernen befreien und in feine Streifen schneiden. Die Stielansätze der Tomaten entfernen. Die Tomaten kurz heiß überbrühen, häuten und fein würfeln.

3 Für die Nudeln reichlich Salzwasser zum Kochen bringen. Die Nudeln darin nach Packungsangabe al dente kochen.

4 Inzwischen das Öl in einer großen Pfanne erhitzen. Den Kürbis mit den Schalotten darin unter Rühren einige Min. andünsten. Dann die Tomaten mit Chillie untermischen, den Wein angießen und alles mit Salz und Pfeffer würzen.

5 Den Kürbissugo zugedeckt bei mittlerer Hitze 5-8 Min. köcheln lassen, bis der Kürbis gar ist.

6 Die Nudeln abgießen, in der Pfanne mit dem Kürbissugo mischen und in einer vorgewärmten Schüssel servieren. Dazu schmeckt frisch geriebener Parmesan.

Im Bild vorne: Spaghettikürbis mit Lauch und Kapern
Im Bild hinten: Penne mit Kürbis-Tomaten-Sugo

Chinanudeln mit Kürbisgemüse aus dem Wok

● Preiswert
● Raffiniert

Für 4 Personen:

250 g chinesische Instant-Nudeln (Mie-Nudeln)
1 große rote Zwiebel
1 große Stange Lauch
1 Stück Kürbis (etwa 600 g)
3 EL neutrales Öl
9 EL Gemüsebrühe
3 EL Sojasauce
2-3 EL süß-scharfe Sauce (aus dem Asienladen)
Salz

Zubereitungszeit: 35 Min.

Pro Portion ca.: 340 kcal
12 g EW/7 g F/61 g KH

1 Für die Nudeln reichlich Wasser zum Kochen bringen. Den Topf vom Herd nehmen, die Nudeln ins Wasser geben und 4 Min. darin ziehen lassen. Dann abgießen, kalt abschrecken und sehr gut abtropfen lassen.

2 Die Zwiebel schälen, halbieren und dann in feine Streifen schneiden. Den Lauch putzen, dabei nur das ganz dunkle Grün wegschneiden. Die Stange längs halbieren und gründlich waschen, dann in 5 cm lange Stücke und anschließend in Streifen schneiden. Den Kürbis von den Kernen mit dem faserigen Fruchtfleisch befreien und zuerst in Scheiben, dann ebenfalls in Streifen schneiden.

3 Den Wok oder eine große Pfanne heiß werden lassen, dann das Öl erhitzen. Die Zwiebel, den Lauch und den Kürbis hineingeben und unter ständigem Rühren bei starker Hitze 5 Min. braten. Nudeln untermischen, Brühe, Sojasauce und süß-scharfe Sauce gründlich unterrühren. Mit Salz abschmecken und servieren.

VARIANTEN

Gut schmeckt das Gericht, wenn Sie vor dem Servieren etwas frisches Koriandergrün oder Basilikum darüber streuen.
Und wer nicht rein vegetarisch essen möchte, brät vor dem Gemüse Streifen von Hühnerfleisch an, würzt sie mit Sojasauce und nimmt sie wieder heraus. Erst kurz vor dem Servieren wieder unters Gemüse mischen und heiß werden lassen.

Rondini mit Gorgonzola-Tomaten-Sauce

● Gelingt leicht
● Raffiniert

Für 4 Personen:

8 kleinere Rondini
400 g Tomaten
1 Knoblauchzehe
150 g Gorgonzola
1/2 Bund Petersilie
Salz
1 EL Olivenöl
1 EL Kürbiskerne
100 g Sahne
schwarzer Pfeffer

Zubereitungszeit: 30 Min.

Pro Portion ca.: 320 kcal
12 g EW/24 g F/14 g KH

1 Die Rondini waschen und, falls nötig, die Stielansätze abschneiden.

2 Für die Sauce die Stielansätze der Tomaten entfernen. Die Tomaten kurz mit kochendem Wasser überbrühen, häuten und halbieren. Dann entkernen und in kleine Würfel schneiden. Den Knoblauch schälen und fein hacken. Den Gorgonzola in kleine Würfel schneiden. Die Petersilie waschen, die Blättchen abzupfen und fein hacken.

3 Für die Rondini in einem Topf Salzwasser zum Kochen bringen. Die Rondini darin zugedeckt 10 Min. kochen.

4 Inzwischen das Öl in einem Topf erhitzen. Die Kürbiskerne darin anrösten und wieder herausnehmen. Die Tomaten mit dem Knoblauch im Öl bei mittlerer Hitze 2 Min. dünsten, dabei rühren.

5 Den Gorgonzola mit der Sahne dazugeben und die Sauce bei schwacher Hitze unter Rühren garen, bis der Käse geschmolzen und die Sauce schön cremig ist. Mit wenig Salz und reichlich Pfeffer abschmecken.

6 Die Petersilie unter die Sauce mischen. Die Rondini abtropfen lassen, halbieren und mit der Sauce auf vorgewärmten Tellern verteilen. Mit den Kürbiskernen bestreut servieren. Dazu schmecken Pellkartoffeln oder auch kurze Nudeln.

Im Bild vorne: Chinanudeln mit Kürbisgemüse
Im Bild hinten: Rondini mit Gorgonzola-Tomaten-Sauce

Patissons mit Ricotta-Kräuterfüllung

- Gelingt leicht
- Vegetarisch

Für 4 Personen:

- **4 kleinere Patissons (je etwa 350 g)**
- **1 große rote Paprikaschote**
- **1 großes Bund gemischte Kräuter (z.B. Basilikum, Thymian, Majoran und Petersilie)**
- **2 Knoblauchzehen**
- **1/2 unbehandelte Zitrone**
- **250 g Ricotta**
- **2 kleine Eier**
- **Salz · schwarzer Pfeffer**
- **1 Prise Cayennepfeffer**
- **1/4 l Gemüsebrühe**

Zubereitungszeit: 30 Min.
Backzeit: 35–40 Min.

Pro Portion ca.: 255 kcal
14 g EW/12 g F/20 g KH

1 Die Patissons waschen und jeweils einen Deckel abschneiden. Das Fleisch bis auf einen Rand von knapp 1 cm Dicke herauslösen (das geht sehr gut mit einem Kugelausstecher). Den Teil mit den Kernen wegschneiden, den Rest mit dem Deckel fein würfeln.

2 Die Paprikaschote waschen, halbieren und putzen, dann in kleine Würfel schneiden. Die Kräuter waschen und trockentupfen. Einige Petersilienblättchen abzupfen und beiseite legen, die übrigen fein hacken. Den Knoblauch schälen und durchpressen. Die Zitrone heiß waschen und die Schale abreiben.

3 Den Ricotta mit dem gewürfelten Patissonfleisch, der Paprikaschote, den Kräutern, dem Knoblauch und den Eiern mischen und mit Salz, Pfeffer, Cayennepfeffer und der Zitronenschale abschmecken.

4 Den Backofen auf 200° vorheizen. Die Patissons mit der Ricottamasse füllen und nebeneinander in die Fettpfanne des Backofens setzen. Die Brühe seitlich angießen.

5 Die Patissons im Backofen (Mitte, Umluft 180°) 35-40 Min. backen, bis sie gebräunt und gar sind. Mit den Petersilienblättchen bestreuen. Die Brühe abschmecken und zu den Patissons servieren. Dazu passen außerdem frisches Brot und ein gemischter Salat.

Gebratene Patissons mit Tomatenragout

- Preiswert
- Gelingt leicht

Für 4 Personen:

- **1 kg junge Patissons**
- **600 g Tomaten**
- **2 rote Zwiebeln**
- **2 Knoblauchzehen**
- **50 g schwarze Oliven**
- **1 großes Bund Rucola**
- **1 Orange**
- **3 EL Olivenöl**
- **1/8 l trockener Rotwein (oder Gemüsebrühe)**
- **Salz · Pfeffer**
- **1 Msp. gemahlener Safran**
- **1 EL Kapern**

Zubereitungszeit: 50 Min.

Pro Portion ca.: 185 kcal
4 g EW/8 g F/18 g KH

1 Die Patissons waschen und in knapp 1 cm dicke Scheiben schneiden. Große Scheiben halbieren.

2 Stielansätze der Tomaten entfernen. Tomaten kurz überbrühen, häuten und vierteln. Dann in kleine Würfel schneiden. Die Zwiebeln schälen, halbieren und in feine Streifen schneiden. Den Knoblauch schälen und in dünne Scheiben teilen. Die Oliven entsteinen und in Streifen schneiden. Den Rucola waschen und trockenschwenken. Einige Blätter beiseite legen, den Rest grob hacken. Die Orange auspressen.

3 In einem Topf 1 EL Olivenöl erhitzen. Zwiebeln mit Knoblauch darin glasig dünsten. Dann Tomaten, Rucola und Oliven kurz mitdünsten. Mit dem Wein und dem Orangensaft ablöschen, mit Salz, Pfeffer und dem Safran abschmecken. Die Kapern untermischen und die Sauce offen bei mittlerer Hitze 20 Min. unter Rühren köcheln lassen.

4 Die Patissonscheiben salzen und pfeffern. Das übrige Öl in einer großen Pfanne erhitzen. Die Scheiben darin bei mittlerer Hitze pro Seite 4-5 Min. braten. Mit dem restlichen Rucola garnieren und mit dem Tomatenragout servieren. Dazu schmecken kleine Kartoffeln oder Brot.

Im Bild vorne: Gebratene Patissons mit Tomatenragout
Im Bild hinten: Patissons mit Ricotta-Kräuterfüllung

Kürbis-Ricotta-Lasagne

- Gut vorzubereiten
- Für Gäste

Für 4–6 Personen:

1 Stück Kürbis (etwa 600 g)
2 Knoblauchzehen
1 kleine Fenchelknolle
1 großes Bund Petersilie
1 große Dose geschälte Tomaten (800 g)
2 getrocknete Chilischoten
1 Döschen gemahlener Safran
Salz · schwarzer Pfeffer
je 1 Prise Zimtpulver und gemahlene Gewürznelken
400 g weicher Ricotta
2 Eier
150 g frisch geriebener Pecorino
200 g Lasagneblätter (ohne Vorkochen)
2 EL Pinienkerne
3 EL Olivenöl

Zubereitungszeit: 50 Min.
Backzeit: 40 Min.

Bei 6 Personen pro Portion ca.: 480 kcal
28 g EW/23 g F/39 g KH

1 Den Kürbis putzen, schälen und in dünne Scheiben schneiden. Knoblauch schälen und fein hacken. Fenchel waschen, putzen und sehr klein würfeln. Petersilie waschen, trokkenschwenken und die Blättchen fein hacken.

2 Die Tomaten kleinschneiden, die Chilischoten zerkrümeln und beides dazugeben. Die Sauce mit Safran und Gewürzen abschmecken.

3 Den Ricotta mit den Eiern und der Hälfte des Pecorinos verrühren, wenig salzen und gut pfeffern.

4 Den Backofen auf 200° vorheizen. Eine feuerfeste rechteckige Form schichtweise abwechselnd füllen: Nudelblätter, darauf Ricottacreme, Kürbisscheiben mit Knoblauch, Petersilie, Fenchel, Salz und Pfeffer, Tomatensauce. Die letzte Schicht Nudelblätter nochmals gut mit Sauce bedecken.

5 Den restlichen Käse auf die Oberfläche streuen und mit dem Öl beträufeln.

6 Die Lasagne im Backofen (Mitte, Umluft 180°) 40 Min. backen, bis sie schön gebräunt ist. Nach 20 Min. die Pinienkerne aufstreuen. Die fertige Lasagne im ausgeschalteten Ofen 10–15 Min. ruhen lassen.

Kürbisquiche mit Rosenkohl

- Gelingt leicht
- Gut vorzubereiten

Für 1 Tarteform von 30 cm ø:

Für den Teig:
100 g Butter · 200 g Mehl
2 EL Joghurt · Salz
Für den Belag:
1 Stück Kürbis (etwa 600 g)
350 g Rosenkohl
2 Schalotten (oder kleine Zwiebeln)
1 Bund Petersilie
Salz · schwarzer Pfeffer
1 TL Kümmelkörner
3 Eier
200 g Schmand (oder saure Sahne)
100 g frisch geriebener Bergkäse

Zubereitungszeit: 1 1/4 Std.
Backzeit: 45 Min.

Bei 6 Personen pro Portion ca.: 465 kcal
16 g EW/31 g F/30 g KH

1 Für den Teig die Butter kleinschneiden. Mit Mehl, Joghurt und 1 kräftigen Prise Salz zu einem glatten Teig verkneten. Eventuell etwas kaltes Wasser unterarbeiten.

2 Den Teig zwischen zwei Lagen Klarsichtfolie rund und möglichst dünn ausrollen. Die Tarteform mit dem Teig auskleiden, 1 Std. kühl stellen.

3 Für den Belag den Kürbis putzen, schälen und grob raspeln. Den Rosenkohl putzen, waschen und vierteln oder achteln. Die Schalotten schälen und fein hacken. Die Petersilie waschen, die Blättchen abzupfen und die Hälfte fein hacken.

4 Den Backofen auf 200° vorheizen. Kürbis, Rosenkohl, Schalotten und gehackte Petersilie mischen und mit Salz, Pfeffer und Kümmel würzen. Die Eier mit dem Schmand und dem Käse gut verrühren. Gemüse auf dem Teig verteilen und mit der Eiercreme bedecken.

5 Die Quiche im Backofen (Mitte, Umluft 180°) 45 Min. backen. Vor dem Anschneiden 10 Min. ruhen lassen. Mit der übrigen Petersilie garnieren.

**Im Bild vorne: Kürbis-Ricotta-Lasagne
Im Bild hinten: Kürbisquiche mit Rosenkohl**

Kürbis-Steinpilz-Risotto

- Gelingt leicht
- Vegetarisch

Für 4 Personen:

20 g getrocknete Steinpilze
1 dünne Stange Lauch
2 Knoblauchzehen
2 EL Butter
400 g Risottoreis
1/4 l trockener Weißwein (ersatzweise Gemüsebrühe)
etwa 1/2 l Gemüsebrühe
1 Stück Kürbis (etwa 600 g)
1/2 Bund Petersilie
50 g frisch geriebener Parmesan
Salz · schwarzer Pfeffer

Quellzeit: 30 Min.
Zubereitungszeit: 50 Min.

Pro Portion ca.: 550 kcal
14 g EW/9 g F/88 g KH

1 Die Steinpilze in einer Schüssel in gut 1/4 l lauwarmem Wasser 30 Min. quellen lassen. Dann die Pilze abtropfen lassen und fein hacken, die Einweichflüssigkeit durch eine Papierfiltertüte laufen lassen.

2 Den Lauch waschen, putzen und fein hacken. Den Knoblauch schälen und ebenfalls hacken.

3 Die Hälfte der Butter in einem Topf erwärmen. Den Lauch und den Knoblauch darin andünsten. Den ungewaschenen Reis hinzufügen und andünsten, bis die Körner vom Fett überzogen sind.

4 Die Pilze dazugeben, den Wein angießen und den Reis bei mittlerer Hitze unter Rühren garen, bis die Flüssigkeit verdampft ist.

5 Inzwischen die Brühe heiß werden lassen und mit der Pilzflüssigkeit mischen. Immer wieder 1–2 Schöpfkellen Flüssigkeit an den Risotto gießen und verdampfen lassen. Dabei immer wieder durchrühren.

6 Nach 10 Min. den Kürbis von den Kernen mit dem faserigen Fruchtfleisch befreien, schälen und klein würfeln. Zum Reis geben und alles in weiteren 15 Min. fertig garen.

7 Zum Schluß die Petersilie waschen, die Blättchen fein hacken. Mit dem Käse und der übrigen Butter unter den Risotto mischen, mit Salz und Pfeffer abschmecken und in vorgewärmten tiefen Tellern servieren. Dazu eventuell noch etwas frisch geriebenen Parmesan reichen.

Kürbis-Gnocchi mit Kräuterpilzen

- Kalorienarm
- Raffiniert

Für 4 Personen:

Für die Gnocchi:
1 Stück Kürbis (etwa 900 g)
250 g mehligkochende Kartoffeln
100 g Grieß
200 g Mehl
1 Msp. gemahlener Safran
Salz
Für die Pilze:
400 g Champignons (oder Egerlinge)
1 großes Bund Petersilie
1 Bund Rucola
2-3 Blätter Mangold
1 EL Butter
50 ml Gemüsebrühe
2 EL Crème fraîche
Salz · Pfeffer
1 EL Zitronensaft
Mehl zum Arbeiten

Zubereitungszeit: 1 3/4 Std.

Pro Portion ca.: 390 kcal
14 g EW/6 g F/70 g KH

1 Den Kürbis von den Kernen mit dem faserigen Fruchtfleisch befreien. Das ganze Stück im Backofen bei 200° (Umluft 180°) 40 Min. backen. Etwas auskühlen lassen, von der Schale lösen.

2 Inzwischen die Kartoffeln waschen und mit Schale in Wasser zugedeckt in 20-30 Min. weich garen. Kartoffeln etwas ausdämpfen lassen, dann schälen und mit dem Kürbis noch warm durch die Kartoffelpresse drücken.

3 Die Kürbismischung mit dem Grieß, dem Mehl, dem Safran und 1 kräftigen Prise Salz zu einem gebundenen Teig verkneten.

4 Aus dem Teig mit zwei Teelöffeln Nocken formen und auf einem bemehlten Küchentuch 1 Std. ruhen lassen.

5 Die Pilze putzen und in dünne Scheiben schneiden. Petersilie, Rucola und Mangold waschen, trockenschwenken und fein schneiden.

6 Für die Gnocchi in einem großen Topf reichlich Wasser mit Salz zum Kochen bringen.

7 Für die Pilze die Butter zerlassen, Pilze darin unter Rühren kräftig anbraten, Mangold und Kräuter dazugeben, Brühe angießen und die Pilze 5-10 Min. bei mittlerer Hitze dünsten.

8 Die Gnocchi ins kochende Wasser geben und bei schwacher Hitze 10 Min. ziehen lassen, bis sie an die Oberfläche steigen.

9 Crème fraîche unter die Pilze mischen, die Pilze mit Salz, Pfeffer und Zitronensaft abschmecken.

10 Die Gnocchi aus dem Topf heben, in vorgewärmte Teller geben und mit den Kräuterpilzen anrichten. Möglichst rasch servieren. Dazu schmeckt frisch geriebener Parmesan oder Pecorino.

Im Bild vorne: Kürbis-Gnocchi mit Kräuterpilzen
Im Bild hinten: Kürbis-Steinpilz-Risotto

Mit Fisch und Fleisch

Kürbis schmeckt relativ neutral und kann daher gut eine würzige Zutat an seiner Seite vertragen. Folgende Zutaten passen besonders gut zum Verwandlungskünstler Kürbis.

Aceto balsamico

Der Balsamessig aus Italien ist würzig und leicht süßlich zugleich, säuert, ohne dabei zu sauer zu sein. So ist er eine ideale Ergänzung zum süßlichen Geschmack des Kürbis. Übrigens: Je älter ein Aceto balsamico ist, desto aromatischer (und zugleich teurer) ist er.

Apfelessig

Fruchtig und nicht zu sauer: Apfelessig eignet sich zum Abschmekken des Eintopfs und der Suppe ebenso wie zum Anmachen der Salatsauce für den Kürbis. Gut sind auch der asiatische Reisessig oder Cidreessig.

Currypaste

Alles, was süßlich schmeckt (also auch Kürbis) verträgt sich gut mit scharfen Gewürzen und Pasten. Besonders schnell können Sie ein Curry (wie auf Seite 48) mit einer fertigen Currypaste zubereiten, die es im Asienladen, aber auch im gutsortierten Supermarkt zu kaufen gibt. Sie können mindestens wählen zwischen grüner und roter Currypaste. Im reich sortierten Asienladen gibt es so viele verschiedene Sorten, daß man sich auf die Empfehlung des Verkäufers verlassen oder sich durchprobieren muß.

Ingwer

Leicht scharf, etwas säuerlich und sehr aromatisch: Ingwer ist ein ideales Gewürz zum Kürbis. Am besten schmeckt er frisch. Kaufen Sie ein Stück Knolle; sie muß prall und saftig aussehen, darf keine angetrockneten Schnittstellen haben oder schrumpelig sein. Davon jeweils das Stück abbrechen, das man braucht, schälen und fein hakken oder durch die Knoblauchpresse drücken.

Joghurt und andere Sauermilchprodukte

Der säuerlich-frische Geschmack von Joghurt, saurer Sahne, Schmand und Crème fraîche rundet das Aroma von Kürbis sehr gut ab. Bei manchen Rezepten wird cremige saure Sahne mit 15 % Fett verwendet, die es so zu kaufen gibt. Wenn Sie keine bekommen, verwenden Sie normale saure Sahne.

Kapern

Die würzigen Früchte des Kapernbaumes bekommen Sie in Essigsud oder in Salz eingelegt. Die letzteren schmekken würziger. Vor dem Verwenden müssen sie in einem kleinen Sieb gründlich abgespült werden, sonst sind sie zu salzig. Bei denen aus dem Sud gilt: je kleiner, desto feiner.

Zitronensaft

Er ist (wie die Schale) nahezu unentbehrlich für die Kürbisküche. Geben Sie vor dem Servieren noch ein wenig Saft an das Gericht, so schmeckt es besonders frisch.

Zucker

Süße Gemüse wie Möhren, Zwiebeln und eben auch Kürbis schmecken seltsamerweise mit noch mehr Zucker (oder Zuckerrübensirup, Honig bzw. Apfel- oder Birnendicksaft) nochmal so gut. Probieren Sie das karamelisierte Kürbisgemüse mit Balsamico (Seite 38).

Kürbis ist gesund!

Mit Möhren und Spinat steht Kürbis an der Spitze der carotinoidreichen Lebensmittel. Inzwischen weiß man, daß Carotinoide sogenannte freie Radikale (die für Tumorbildung, Arteriosklerose, Herzinfarkt und andere Krankheiten mitverantwortlich sind) im Körper abfangen oder ihrer Entstehung entgegenwirken. Sie sind nicht besonders hitzeanfällig, Kochen schadet ihnen also kaum.
Außerdem enthält Kürbis Vitamin C und die Mineralstoffe Kalium und Zink, beide sind wichtig für das Immunsystem.
Mit einem Gehalt von nur etwa 25 kcal je 100 g ist der Kürbis auch wahrlich kein Dickmacher, das Kalium wirkt sich sogar positiv auf den Wasserhaushalt im Körper aus.
In Ländern, wo die Menschen viele Kürbiskerne knabbern, leiden Männer viel seltener an Prostatabeschwerden. Wissenschaftler haben herausgefunden: Eine Handvoll Kürbiskerne am Tag kräftigt die Blasenmuskulatur. Außerdem enthalten die Kerne (wie auch das Öl) Phytosterine, die bei einem erhöhten Cholesterinspiegel positiv wirken.

Würzige Zutaten wie Currypaste, Kürbiskerne, verschiedene Essigsorten, Ingwer, Kapern oder Joghurt machen aus Kürbis jedes Mal ein neues Geschmackserlebnis.

Ingwer

Leicht scharf, etwas säuerlich und sehr aromatisch: Ingwer ist ein ideales Gewürz zum Kürbis. Am besten schmeckt er frisch. Kaufen Sie ein Stück Knolle; sie muß prall und saftig aussehen, darf keine angetrockneten Schnittstellen haben oder schrumpelig sein. Davon jeweils das Stück abbrechen, das man braucht, schälen und fein hakken oder durch die Knoblauchpresse drücken.

Joghurt und andere Sauermilchprodukte

Der säuerlich-frische Geschmack von Joghurt, saurer Sahne, Schmand und Crème fraîche rundet das Aroma von Kürbis sehr gut ab. Bei manchen Rezepten wird cremige saure Sahne mit 15 % Fett verwendet, die es so zu kaufen gibt. Wenn Sie keine bekommen, verwenden Sie normale saure Sahne.

Kapern

Die würzigen Früchte des Kapernbaumes bekommen Sie in Essigsud oder in Salz eingelegt. Die letzteren schmekken würziger. Vor dem Verwenden müssen sie in einem kleinen Sieb gründlich abgespült werden, sonst sind sie zu salzig. Bei denen aus dem Sud gilt: je kleiner, desto feiner.

Zitronensaft

Er ist (wie die Schale) nahezu unentbehrlich für die Kürbisküche. Geben Sie vor dem Servieren noch ein wenig Saft an das Gericht, so schmeckt es besonders frisch.

Zucker

Süße Gemüse wie Möhren, Zwiebeln und eben auch Kürbis schmecken seltsamerweise mit noch mehr Zucker (oder Zuckerrübensirup, Honig bzw. Apfel- oder Birnendicksaft) nochmal so gut. Probieren Sie das karamelisierte Kürbisgemüse mit Balsamico (Seite 38).

Kürbis ist gesund!

Mit Möhren und Spinat steht Kürbis an der Spitze der carotinoidreichen Lebensmittel. Inzwischen weiß man, daß Carotinoide sogenannte freie Radikale (die für Tumorbildung, Arteriosklerose, Herzinfarkt und andere Krankheiten mitverantwortlich sind) im Körper abfangen oder ihrer Entstehung entgegenwirken. Sie sind nicht besonders hitzeanfällig, Kochen schadet ihnen also kaum.
Außerdem enthält Kürbis Vitamin C und die Mineralstoffe Kalium und Zink, beide sind wichtig für das Immunsystem.
Mit einem Gehalt von nur etwa 25 kcal je 100 g ist der Kürbis auch wahrlich kein Dickmacher, das Kalium wirkt sich sogar positiv auf den Wasserhaushalt im Körper aus.
In Ländern, wo die Menschen viele Kürbiskerne knabbern, leiden Männer viel seltener an Prostatabeschwerden. Wissenschaftler haben herausgefunden: Eine Handvoll Kürbiskerne am Tag kräftigt die Blasenmuskulatur. Außerdem enthalten die Kerne (wie auch das Öl) Phytosterine, die bei einem erhöhten Cholesterinspiegel positiv wirken.

Würzige Zutaten wie Currypaste, Kürbiskerne, verschiedene Essigsorten, Ingwer, Kapern oder Joghurt machen aus Kürbis jedes Mal ein neues Geschmackserlebnis.

Hühnerkeulen auf Kürbis-Quitten-Gratin

- Gelingt leicht
- Für Gäste

Für 4 Personen:

2 Quitten (etwa 480 g)
1 Stück Kürbis (etwa 800 g)
2–3 Zwiebeln (je nach Größe)
einige Zweige frischer Thymian
Salz · schwarzer Pfeffer
1/8 l Hühnerbrühe
1/8 l trockener Weißwein (ersatzweise Hühnerbrühe)
2 EL Zitronensaft
4 Hühnerkeulen
1 EL scharfer Senf
2 EL Olivenöl

Zubereitungszeit: 40 Min.
Backzeit: 40 Min.

Pro Portion ca.: 450 kcal
32 g EW/24 g F/20 g KH

1 Die Quitten schälen, halbieren und die Kerngehäuse mit einem spitzen Messer herausschneiden. Den Kürbis von den Kernen mit dem faserigen Fruchtfleisch befreien, halbieren oder dritteln und schälen. Die Zwiebeln schälen und fein hakken. Den Thymian waschen, die Blättchen abstreifen.

2 Den Backofen auf 220° vorheizen. Die Quitten und den Kürbis mit dem Gurkenhobel in feine Scheiben teilen, dann lagenweise in eine feuerfeste Form schichten. Dabei jede Lage mit Zwiebelwürfeln und Thymian bestreuen und mit Salz und Pfeffer würzen.

3 Die Hühnerbrühe mit dem Wein und dem Zitronensaft mischen und über das Gemüse gießen. Die Hühnerkeulen waschen und abtrocknen, dann salzen, pfeffern und mit dem Senf bestreichen. Auf das Gratin legen und alles mit dem Öl beträufeln.

4 Das Gratin mit den Hühnerkeulen im Backofen (Mitte, Umluft 200°) 40 Min. backen. Zur Garprobe mit einer Nadel in die dickste Stelle der Hühnerkeulen stechen. Wenn klarer Saft austritt, sind sie fertig, ist er rötlich, müssen sie noch etwas länger garen. Wenn sie zu braun werden, mit Pergamentpapier abdecken. Dazu schmecken Kartoffeln.

Entenbrust mit glasiertem Kürbis

- Raffiniert
- Gelingt leicht

Beim sogenannten Niedrig-Temperatur-Garen wird Fleisch besonders zart und saftig. Und bei der sanften Hitze kommt es bei der Garzeit auf 10 oder 15 Min. nicht an.

Für 2 Personen:

1 Entenbrust (etwa 330 g)
1 unbehandelte Zitrone
2–3 Zweige Rosmarin
Salz · schwarzer Pfeffer
1 Stück Kürbis (etwa 500 g)
2 Schalotten
1 EL Butter · 1 EL Zucker
100 ml Geflügelfond (Glas)
1–2 EL Aceto balsamico

Zubereitungszeit: 20 Min.
Garzeit: 40 Min.

Pro Portion ca.: 530 kcal
33 g EW/33 g F/24 g KH

1 Die Haut der Entenbrust kreuzweise einschneiden, ohne das Fleisch zu verletzen.

2 Die Zitrone waschen, abtrocknen und die Schale abreiben. Rosmarin waschen und die Nadeln fein hacken. Beides mit Salz und Pfeffer mischen und die Entenbrust auf beiden Seiten damit einreiben.

3 Den Backofen auf 80° (Umluft 80°) vorheizen (am besten mit einem Ofenthermometer prüfen). Eine ofenfeste Pfanne (Stiel!) auf dem Herd heiß werden lassen. Die Entenbrust auf der Hautseite bei mittlerer Hitze 5 Min. anbraten. Wenden und noch 2 Min. braten.

4 Die Pfanne in den Backofen (Mitte) stellen und die Entenbrust ohne Wenden 40 Min. braten.

5 Inzwischen den Kürbis putzen, schälen und in 1 cm große Würfel schneiden. Die Schalotten schälen, längs halbieren und quer in feine Streifen schneiden.

6 Die Butter in einem Topf zerlassen. Den Zucker einstreuen und

Kürbis mit Couscous-Hack-Füllung

- Raffiniert
- Gut vorzubereiten

Für 6 Personen:

2 Hokkaido-Kürbisse (je etwa 1 1/4 kg)
100 g Couscous (Weizengrieß, vorgekocht)
100 ml Fleisch- oder Gemüsebrühe
1 rote Paprikaschote
1 kleiner Zucchino
1 rote Zwiebel
2 Knoblauchzehen
500 g Rinderhackfleisch
2 Eier
1–2 TL gemahlener Kreuzkümmel
1–2 TL Paprikapulver, rosenscharf
1 Döschen gemahlener Safran
Salz

Zubereitungszeit: 30 Min.
Backzeit: 1 1/4–1 1/2 Std.

Pro Portion ca.: 355 kcal
27 g EW/15 g F/29 g KH

1 Die Kürbisse waschen, großzügig einen Deckel abschneiden und das faserige Fleisch mit den Kernen herauslösen.

2 Den Couscous mit der Brühe mischen. Paprikaschote waschen, halbieren, putzen und sehr klein würfeln. Zucchino waschen, putzen und grob raspeln. Zwiebel schälen und sehr fein hakken. Knoblauch schälen und durch die Presse drücken. Backofen auf 180° vorheizen.

3 Couscous mit Hackfleisch, Gemüse, Eiern, Zwiebel und Knoblauch mischen und mit Kreuzkümmel, Paprika, Safran und Salz pikant abschmecken. Die Masse in die Kürbisse verteilen. Die Früchte in eine feuerfeste Form stellen.

4 Die Kürbisse im Backofen (Mitte, Umluft 160°) 1 1/4 Std. garen. Im Ofen noch kurz ruhen lassen, dann aufschneiden. Falls das Hackfleisch noch nicht gar ist, die Kürbishälften nochmals 15 Min. backen. Dazu schmekken Fladenbrot und Joghurt mit Harissa (scharfer Chilipaste).

TIP!

Wenn Füllung übrigbleibt, können Sie diese zu Bällchen formen und mit in die Form legen. Sie müssen etwa 20 Min. garen.

Kalbsröllchen mit Kürbisfüllung

- Für Gäste
- Raffiniert

Für 4 Personen:

1 Stück Kürbis (etwa 180 g)
1 Bund Petersilie
100 g Kalbsbrät
Salz · schwarzer Pfeffer
4 dünne Kalbsschnitzel (je etwa 150 g)
2 Bund Frühlingszwiebeln
2 EL Olivenöl
1/8 l Kalbsfond (Glas)
1/8 l trockener Weißwein (oder Kalbsfond)
1 EL Crème fraîche
2 TL Zitronensaft
Zahnstocher

Zubereitungszeit: 45 Min.

Pro Portion ca.: 320 kcal
36 g EW/16 g F/5 g KH

1 Den Kürbis putzen, schälen und fein raspeln. Petersilie waschen, die Blättchen abzupfen und bis auf einige sehr fein hacken. Mit den Kürbisrapseln und dem Kalbsbrät gut mischen. Mit Salz und Pfeffer abschmecken.

2 Die Kalbsschnitzel mit dem Handballen flacher drücken. Gleichmäßig mit der Kürbismasse bestreichen, dabei rundherum einen kleinen Rand frei lassen. Die Ränder nach innen klappen, die Schnitzel feststecken. Röllchen außen salzen und pfeffern.

3 Von den Frühlingszwiebeln das dunkle Grün entfernen. Die Zwiebeln putzen, waschen und längs halbieren.

4 Das Öl in einer großen Pfanne zerlassen, die Röllchen darin rundherum schön braun braten und wieder herausnehmen. Die Zwiebelhälften im verbliebenen Bratfett andünsten. Mit Fond und Wein aufgießen, die Röllchen darin zugedeckt bei schwacher Hitze 20 Min. schmoren.

5 Die übrige Petersilie fein hacken. Die Röllchen aus der Sauce nehmen, die Crème fraîche einrühren und die Sauce nach Wunsch etwas einkochen lassen. Mit Salz, Pfeffer und Zitronensaft würzen und mit den Röllchen servieren. Petersilie darüber streuen.

Im Bild vorne: Kalbsröllchen mit Kürbisfüllung
Im Bild hinten: Kürbis mit Couscous-Hack-Füllung

Kürbis-Spinat-Strudel mit Schinken

- Gelingt leicht
- Für Gäste

Für 4 Personen:

Für den Teig:
200 g Mehl · Salz
3 EL Öl · 1 Eigelb
Für die Füllung:
300 g tiefgekühlter Spinat
1 Stück Kürbis (etwa 600 g)
1 große Zwiebel
1 Bund Schnittlauch
150 g roher Schinken
schwarzer Pfeffer
frisch geriebene Muskatnuß
1 EL Kürbiskerne
200 g cremige saure Sahne
Mehl für die Arbeitsfläche
3 EL flüssige Butter für die Form und zum Bestreichen

Zubereitungszeit: 1 Std.
Backzeit: 45 Min.

Pro Portion ca.: 565 kcal
19 g EW/34 g F/46 g KH

1 Für die Füllung den Spinat schon morgens in einem Sieb über einer Schüssel auftauen lassen.

2 Für den Teig Mehl, 1 kräftige Prise Salz, Öl, Eigelb und etwa 80 ml lauwarmes Wasser zu einem glatten Teig verkneten. Den Teig zu einer Kugel formen und in Pergamentpapier wickeln. Kochendheißes Wasser in eine Schüssel gießen, kurz stehenlassen und ausgießen. Die Schüssel über den Teig stülpen und diesen 30 Min. ruhen lassen.

3 Inzwischen für die Füllung den Kürbis putzen, schälen und in dünne Scheiben schneiden. Diese in etwa 1/2 cm dicke Stifte teilen. Die Zwiebel schälen und sehr fein hacken. Den Schnittlauch waschen und in Röllchen schneiden. Den Schinken eventuell vom Fettrand befreien, dann in Streifen teilen. Alles mischen und würzen.

4 Den Backofen auf 200° vorheizen. Eine feuerfeste Form mit etwas flüssiger Butter ausstreichen. Den Teig halbieren. Die erste Portion auf einem bemehlten Küchentuch dünn ausrollen.

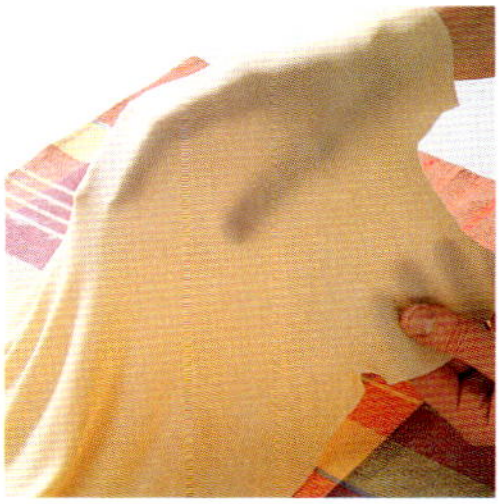

5 Den ausgerollten Teig über den ebenfalls bemehlten Handrücken so dünn wie möglich ausziehen.

6 Den Teig wieder auf das Tuch legen. Sind die Ränder zu dick, diese noch ausziehen oder abschneiden.

Den Teig mit etwas flüssiger Butter bepinseln.

7 Den Spinat gut ausdrücken, eine Hälfte auf dem Teig verteilen. Die Hälfte der Kürbismischung daraufgeben, mit einigen Kürbiskernen bestreuen und mit der Hälfte der sauren Sahne beträufeln.

8 Die Teigränder über der Füllung nach innen klappen. Das Tuch an einer Seite etwas anheben und den Strudel auf diese Weise aufrollen.

9 Den Strudel in die gefettete Form gleiten lassen. Die zweite Teighälfte ebenso ausrollen, belegen, aufrollen und neben den ersten Strudel in die Form gleiten lassen. Die Strudel mit der übrigen flüssigen Butter bepinseln.

10 Die Strudel im Backofen (Mitte, Umluft 180°) 45 Min. backen, bis sie schön gebräunt sind. Dazu schmecken eine Schüssel bunt gemischter Salat und Brot.

Lammtopf mit Kürbis und Kartoffeln

- Preiswert
- Gut vorzubereiten

Für 4–6 Personen:

750 g nicht zu fette Lammschulter oder -brust
einige Zweige Rosmarin
3 Knoblauchzehen
Schale und Saft von 1 unbehandelten Zitrone
3 EL Olivenöl
500 g festkochende Kartoffeln
1 Stück Kürbis (etwa 600 g)
1/2 kleiner Kopf Wirsing (etwa 250 g)
2 Zwiebeln
3 Lorbeerblätter
1 EL Butterschmalz
Salz · Pfeffer
1–2 TL Kümmelkörner
1/2 l Gemüsebrühe
1/2 Bund Petersilie

Marinierzeit: 4 Std.
Zubereitungszeit: 50 Min.
Garzeit: 1 1/2 Std.

Bei 6 Personen pro Portion ca.: 700 kcal
21 g EW/59 g F/21 g KH

1 Das Lammfleisch von Fettstücken befreien und in 1 1/2 cm große Stücke schneiden. Rosmarin waschen, grob hacken. Knoblauch schälen und fein hakken. Fleisch mit Zitronenschale und -saft, Rosmarin, Knoblauch und Olivenöl mischen und mindestens 4 Std. durchziehen lassen.

2 Kartoffeln und Kürbis schälen, putzen und in feine Scheiben hobeln. Wirsing waschen, putzen und in Streifen schneiden. Zwiebeln schälen und in feine Ringe schneiden. Lorbeerblätter zerkrümeln.

3 Den Backofen auf 180° vorheizen. In einem Schmortopf (am besten aus Gußeisen) das Butterschmalz erhitzen. Das Fleisch abtropfen lassen und portionsweise darin kräftig anbraten, salzen und pfeffern.

4 Dann Zwiebeln andünsten und wieder herausnehmen. Fleisch und Gemüse lagenweise in den Topf schichten, dabei jede Schicht mit etwas Lorbeer und Kümmel bestreuen, Gemüse auch salzen und pfeffern.

5 Die Fleischmarinade mit der Brühe seitlich angießen. Das Gericht zugedeckt im Backofen (Mitte, Umluft 160°) 1 1/2 Std. schmoren, bis das Fleisch schön weich ist. Petersilie fein hakken und darüber streuen.

Kürbisgratin mit Brot und Speck

- Preiswert
- Raffiniert

Für 4 Personen:

1 Stück Kürbis (etwa 700 g)
1–2 Bund Rucola (je nach Größe)
150 g Weißbrot
150 g durchwachsener Räucherspeck
3 Zwiebeln
1 säuerlicher Apfel
1 EL Zitronensaft
1/8 l trockener Weißwein (oder Fleisch- oder Gemüsebrühe)
Salz · schwarzer Pfeffer
1 Prise Muskatnuß
4 EL Crème fraîche

Zubereitungszeit: 35 Min.
Backzeit: 30 Min.

Pro Portion ca.: 415 kcal
16 g EW/23 g F/30 g KH

1 Den Kürbis putzen, schälen und in dünne Scheiben schneiden. Den Rucola waschen, von den dicken Stielen befreien und grob hacken. Das Brot in möglichst dünne Scheiben schneiden.

2 Den Kürbis und das Brot abwechselnd dachziegelartig in eine feuerfeste Form schichten, dabei den Rucola dazwischen verteilen.

3 Den Speck von Schwarte und Knorpeln befreien und in kleine Würfel schneiden. Die Zwiebeln schälen und fein hacken.

4 Den Backofen auf 220° vorheizen. Den Speck in einer Pfanne bei mittlerer Hitze unter Rühren leicht knusprig braten. Zwiebeln 5–10 Min. mitbraten.

5 Inzwischen den Apfel schälen, vierteln, vom Kerngehäuse befreien und klein würfeln. Mit dem Zitronensaft mischen.

6 Apfel mit dem Wein unter den Speck mengen, mit Salz, Pfeffer und Muskat abschmecken. Kürbis ebenfalls leicht salzen und mit der Speckmischung bedecken. Im Backofen (Mitte, Umluft 200°) 25 Min. backen. Crème fraîche in Klecksen darauf verteilen, weitere 5 Min. garen. Dazu schmecken Pellkartoffeln.

Im Bild vorne: Kürbisgratin mit Brot und Speck
Im Bild hinten: Lammtopf mit Kürbis und Kartoffeln

Kürbis-Kartoffel-Püree mit Hackfleischsauce

- Preiswert
- Gelingt leicht

Für 4 Personen:

Für die Sauce:
- 2 Bund Suppengrün
- 1 EL Butterschmalz
- 400 g gemischtes Hackfleisch
- 1 rohe Schweinsbratwurst
- 1/8 l trockener Rotwein (oder Brühe)
- 1/8 l Gemüsebrühe
- Tabascosauce · Salz
- 2 EL Schmand

Für das Püree:
- 1 Stück Kürbis (etwa 600 g)
- 500 g mehligkochende Kartoffeln
- Salz
- 200 ml Milch · 40 g Butter
- frisch geriebene Muskatnuß

Zubereitungszeit: 1 Std.

Pro Portion ca.: 685 kcal
27 g EW/42 g F/24 g KH

1 Für die Sauce das Suppengrün putzen, schälen bzw. waschen und sehr fein würfeln.

2 Das Butterschmalz in einem Topf erhitzen. Suppengrün darin andünsten. Hackfleisch dazugeben. Wurstmasse dazudrücken. Alles unter Rühren braten und dabei zerkleinern, bis das Fleisch fein krümelig ist.

3 Rotwein und Brühe angießen, alles mit Tabasco nach Geschmack und Salz abschmecken und offen bei mittlerer Hitze 30 Min. köcheln lassen. Dabei immer wieder durchrühren und bei Bedarf noch etwas Flüssigkeit angießen.

4 Inzwischen für das Püree den Kürbis putzen, schälen und etwa 2 cm groß würfeln. Kartoffeln schälen, waschen und in etwas kleinere Würfel schneiden. Beides in einen Topf geben, etwa 3 cm hoch Wasser angießen, salzen und zum Kochen bringen. Zugedeckt bei mittlerer Hitze 20 Min. garen, bis Kartoffeln und Kürbis weich sind.

5 Beides abtropfen lassen und fein stampfen. Milch erhitzen und mit Butter dazurühren, mit Salz und Muskat abschmecken.

6 Schmand unter das Hackragout mischen. Eventuell mit Salz und Tabasco nachwürzen. Das Püree mit dem Hackragout servieren.

Spaghettikürbis mit Fischragout

- Raffiniert
- Kalorienarm

Für 4 Personen:

- 1 Spaghettikürbis (etwa 1 1/2 kg)
- 400 g Kabeljaufilet
- Salz · schwarzer Pfeffer
- 1 Bund Basilikum
- 1 Bund Frühlingszwiebeln
- 150 g Kirschtomaten
- 2 EL Olivenöl
- 1 TL eingelegte grüne Pfefferkörner
- 1/8 l Fischfond (Glas)
- 2 EL Joghurt
- 1 EL Weißweinessig
- Cayennepfeffer

Zubereitungszeit: 40 Min.

Pro Portion ca.: 215 kcal
22 g EW/6 g F/18 g KH

1 Den Spaghettikürbis waschen und der Länge nach halbieren, die Kerne mit einer Küchenschere entfernen.

2 Die Kürbishälften nebeneinander mit der Schnittfläche nach oben in einen weiten Topf geben. Etwa 5 cm hoch Wasser in den Topf gießen und zum Kochen bringen. Kürbis zugedeckt bei mittlerer Hitze 30 Min. dämpfen, bis das Fruchtfleisch wie Spaghetti aussieht. Mit einer Gabel lockern und herauslösen.

3 Inzwischen Fisch in kleine Würfel schneiden, salzen und pfeffern. Basilikum und Gemüse waschen, Basilikum grob zerkleinern. Frühlingszwiebeln putzen, in feine Ringe schneiden. Tomaten halbieren oder vierteln.

4 Das Öl in einer Pfanne erhitzen. Die Zwiebelringe darin andünsten. Den Fisch unter Rühren 1 Min. mitbraten. Basilikum, Tomaten, Pfefferkörner und Fischfond dazugeben, zugedeckt in 2 Min. heiß werden lassen.

5 Joghurt und Essig unter das Fischragout mischen, mit Salz und Cayennepfeffer abschmecken. Spaghettikürbis mit dem Fischragout rasch servieren.

TIP!

Falls Sie keinen Spaghettikürbis bekommen, lesen Sie den Tip auf Seite 26.

Im Bild vorne: Spaghettikürbis mit Fischragout
Im Bild hinten: Kürbis-Kartoffel-Püree mit Hackfleischsauce

Kürbis-Lachs-Pfanne mit Senf

● Raffiniert
● Für Gäste

Für 4 Personen:

1 Stück Kürbis (etwa 800 g)
500 g Lachsfilet
2 Zitronen (1 unbehandelte)
2 Knoblauchzehen
4 kleine rote Zwiebeln
1 Bund Dill
3 EL Olivenöl
150 g cremige saure Sahne (Seite 37)
2 TL scharfer Dijon-Senf
1 TL süßer Senf
Salz
Cayennepfeffer

Zubereitungszeit: 35 Min.

Pro Portion ca.: 430 kcal
29 g EW/27 g F/19 g KH

1 Kürbis von den Kernen mit dem faserigen Fruchtfleisch befreien, schälen und in knapp 1 cm große Stücke schneiden.

2 Das Fischfilet kalt abspülen, trockentupfen und ebenfalls in Würfel schneiden. Die unbehandelte Zitrone waschen, die Schale mit einem Zestenreißer ablösen. Die Zitrone auspressen. Den Saft je zur Hälfte unter den Fisch und den Kürbis mischen. Die restliche Zitrone so schälen, daß auch das weiße Fruchtfleisch mit entfernt wird. Die Zitrone in kleine Würfel schneiden.

3 Den Knoblauch schälen und in feine Scheiben schneiden. Die Zwiebeln schälen und achteln. Den Dill waschen, die Spitzen abzupfen.

4 Das Öl in einer Pfanne erhitzen. Den Kürbis darin unter Rühren bei mittlerer Hitze 5 Min. braten. Zwiebeln und Knoblauch hinzufügen und weitere 5 Min. braten.

5 Inzwischen saure Sahne mit beiden Senfsorten, Dill und Zitronenschale mischen.

6 Lachs zum Kürbis geben und ohne Rühren 5 Min. garen. Dann die Zitronenwürfel und die Senfcreme vorsichtig unterheben, alles mit Salz und Cayennepfeffer würzen und servieren. Dazu passen neue Kartoffeln, Reis oder einfach nur knuspriges Brot.

Kürbis-Garnelen-Curry mit Kokosmilch

● Raffiniert
● Schnell

Für 4 Personen:

1 großes Bund Frühlingszwiebeln
1 walnußgroßes Stück Ingwer
2 Knoblauchzehen
1 Stück Kürbis (etwa 550 g)
2 EL neutrales Öl
1 Dose Kokosmilch (400 ml)
1-2 EL grüne Currypaste (siehe Seite 36)
4 EL Zitronensaft · Salz
200 g gegarte geschälte Garnelen
einige Zweige Koriandergrün nach Belieben

Zubereitungszeit: 25 Min.

Pro Portion ca.: 140 kcal
12 g EW/6 g F/10 g KH

1 Frühlingszwiebeln waschen und putzen, dann mit dem saftigen Grün in feine Ringe schneiden. Ingwer und Knoblauch schälen und fein hacken.

2 Kürbis von den Kernen mit dem faserigen Fruchtfleisch befreien, schälen und in knapp 1 cm große Würfel schneiden.

3 Den Wok oder eine große Pfanne erhitzen. Öl darin heiß werden lassen. Frühlingszwiebeln, Ingwer, Knoblauch und Kürbis darin bei starker Hitze 4-5 Min. braten, dabei rühren.

4 Kokosmilch mit Currypaste untermischen, mit Zitronensaft und Salz würzen und offen bei mittlerer Hitze 3 Min. köcheln lassen.

5 Garnelen abtropfen lassen, untermischen und in 1 Min. heiß werden lassen. Das Curry eventuell noch etwas nachwürzen, dann nach Wunsch mit Korianderblättchen bestreut servieren. Dazu schmeckt am besten Duftreis.

TIP!

Lassen Sie die Garnelen wirklich nur kurz im Curry heiß werden. Wenn sie kochen, werden sie leicht zäh.

Im Bild vorne: Kürbis-Garnelen-Curry mit Kokosmilch
Im Bild hinten: Kürbis-Lachs-Pfanne mit Senf

Süße Gerichte

Wer sagt, daß ein Kürbisgericht immer pikant sein muß? Dieses vielseitige Gemüse macht süße Gerichte nicht nur aromatisch, sondern vor allem auch wunderbar saftig. Probieren Sie einmal eine feine Creme oder eine zarte Pie mit Kürbis!

Kürbis einmachen

Auf pikante oder süße Art eingemacht, schmeckt Kürbis zu vielen Gelegenheiten und ist ein ausgefallenes Mitbringsel. In Glasmärkten finden Sie eine reiche Auswahl an Einmachgläsern. In Papier- und Geschenkeshops gibt es attraktive Etiketten. Das Beschriften der Gläser sollten Sie übrigens auch für den Eigengebrauch nicht vergessen!

Süß-sauer eingemachter Kürbis

Für 6 Gläser (je 1/2 l): 3/4 l guten Weißwein- oder Apfelessig mit 2 1/2 EL Salz, 250 g Zucker, 2–3 getrockneten Chilischoten und 1/4 l Wasser in einen Topf geben, alles zum Kochen bringen. Den Sud vom Herd nehmen und erkalten lassen.
Etwa 1 1/2 kg Kürbisstücke (knapp 1 x 5 cm) mit dem Sud mischen und 24 Std. ziehen lassen. Dann mit dem Sud zum Kochen bringen, 2 Min. kochen und kochendheiß in Twist-off-Gläser füllen. Sofort verschließen und abkühlen lassen.
Der Kürbis schmeckt am besten nach 1 Monat. Gut zu gegrilltem und gekochtem Fleisch, zu Raclette und Fondue und zu Käseplatten. Er hält sich mindestens 1 Jahr.

Würziges Kürbis-Chutney

Für 3 Gläser (je 1/4 l): 75 g getrocknete Feigen in kleine Würfel schneiden. 1 Stück Kürbis (etwa 1 kg) von den Kernen und dem faserigen Fruchtfleisch befreien, schälen und in sehr kleine Würfel schneiden. 1 kleine Stange Lauch putzen, schälen und fein hakken. 250 g Tomaten häuten und klein würfeln. Alles mit 1 zerkrümelten getrockneten Chilischote, 1/2 EL Senfsamen, 75 g Zucker und 100 ml Apfelessig in einem Topf mischen und zum Kochen bringen. Bei schwacher Hitze 1 Std. garen, dabei immer wieder umrühren, damit nichts anbrennt. Mit Salz abschmecken und in saubere, mit kochendem Wasser ausgespülte Twist-off-Gläser füllen. Sofort verschließen. Das Chutney hält sich etwa 1 Jahr. Es schmeckt zu allen indischen Gerichten, zu gegrilltem Fleisch und Gemüse, auch als Würze an exotischen Suppen.

Kürbis-Vanille-Kompott

Für 5 Gläser von je etwa 1/2 l Inhalt: 1 Stück Kürbis (etwa 2 kg) von den Kernen und dem faserigen Fruchtfleisch befreien, schälen und in kleine Würfel schneiden. Die Schale von 1 unbehandelten Zitrone fein abschneiden und in Streifen schneiden, mit dem Saft von 2 Zitronen unter die Kürbiswürfel mischen. 2 Vanilleschoten der Länge nach aufschlitzen und das Mark mit einem Messer herauskratzen. Die Schoten halbieren. Kürbis mit Vanillemark und -schoten sowie 1/2 l Quittensaft (aus dem Naturkostladen) in einen Topf geben und so viel Wasser angießen, daß der Kürbis gerade davon bedeckt ist. 100 g Zucker und 2 Kardamomkapseln dazugeben und alles rasch zum Kochen bringen. 10 Min. köcheln lassen, dann in heiß ausgespülte Twist-off-Gläser füllen und sofort verschließen. Das Kompott hält sich mindestens 1 Jahr und schmeckt zu Kaiserschmarren, allen süßen Pflänzchen und Nocken und zu Crêpes.
Sie können zur Abwechslung auch die Hälfte Kürbis durch Früchte (beispielsweise Quitten oder säuerliche Äpfel) ersetzen.

Gut lagern, lange genießen

Alles, was mit Essig und/oder Zucker konserviert wird, hält sich ungeöffnet mindestens ein Jahr, meist sogar länger. Allerdings büßen die selbstgemachten Konserven bei zu langer Lagerung an Geschmack ein. Wählen Sie für die Aufbewahrung einen kühlen und dunklen Ort, also beispielsweise einen ungeheizten Keller oder die Speisekammer. Nach dem Öffnen die Reste in den Gläsern im Kühlschrank lagern. Und immer mit frischem Besteck aus den Gläsern holen, damit keine Bakterien ins Glas kommen.

Abwechslung im Glas, von links nach rechts: Kürbis-Vanille-Kompott, würziges Kürbis-Chutney, süß-sauer eingemachter Kürbis

Kürbis-Preiselbeer-Tarte

- Gelingt leicht
- Preiswert

Für 1 Form von 28–30 cm ø:

Für den Teig:
100 g Magerquark
Salz
3 EL Öl · 1 Eigelb
50 g Zucker · 3 EL Milch
200 g Mehl
1 TL Backpulver
Für den Belag:
1 Stück Kürbis (etwa 650 g)
150 g Preiselbeeren (aus dem Glas)
2 EL Zitronensaft
1 EL Apfeldicksaft (oder Honig)
1/2 TL gemahlene Vanille (siehe Tip)
Butter für die Form

Zubereitungszeit: 30 Min.
Backzeit: 35 Min.

Bei 12 Stücken pro Stück ca.: 140 kcal
4 g EW/3 g F/25 g KH

1 Für den Teig den Quark mit 1 kräftigen Prise Salz, dem Öl, dem Eigelb, dem Zucker und der Milch verrühren. Das Mehl mit dem Backpulver mischen, die Hälfte davon unter die Quarkmischung rühren, den Rest unterkneten.

2 Die Form fetten. Den Teig zwischen zwei Lagen Klarsichtfolie rund ausrollen, die Form damit auslegen. Den Backofen auf 200° vorheizen.

3 Für den Belag den Kürbis von den Kernen mit dem faserigen Fruchtfleisch befreien, schälen und mit dem Gurkenhobel in feine Scheiben hobeln.

4 Die Kürbisscheiben dachziegelartig auf dem Teig auslegen. Die Preiselbeeren mit dem Zitronensaft und dem Dicksaft oder dem Honig sowie der Vanille verrühren und auf den Kürbisscheiben verstreichen.

5 Die Tarte im Backofen (Mitte, Umluft 180°) 35 Min. backen, bis sie schön gebräunt ist. Sie schmeckt am besten lauwarm mit halbsteif geschlagener Sahne mit Vanillezucker und Zitronenschale.

TIP!

Für gemahlene Vanille werden die ganzen Schoten fein zermahlen. Sie gibt den Gerichten mehr Aroma als Vanille- oder Vanillinzucker. Erhältlich ist sie im Bioladen oder Reformhaus.

Kürbis-Dattel-Pie

- Raffiniert
- Gut vorzubereiten

Zutaten für 1 Tarteform von 30 cm ø:

Für den Teig:
200 g Meh
1 EL Zucker
125 g kalte Butter
1 Prise Salz
Für den Belag:
1 Stück Kürbis (etwa 600 g)
100 g Datteln
4 Eier
2 EL Crème fraîche
5 EL Zuckerrübensirup
1 TL abgeriebene unbehandelte Zitronenschale
je 1 Prise Zimt- und Nelkenpulver

Zubereitungszeit: 40 Min.
Kühlzeit: 1 Std.
Backzeit: 40 Min.

Bei 12 Stücken pro Stück ca.: 215 kcal
5 g EW/12 g F/23 g KH

1 Für den Teig das Mehl mit dem Zucker, der Butter in kleinen Stücken, Salz und 1-2 EL kaltem Wasser zu einem glatten Teig verkneten.

2 Den Teig zu einer Kugel formen und zwischen zwei Lagen Klarsichtfolie rund ausrollen. Die Tarteform damit auslegen, dabei auch einen Rand formen. Den Teig in der Form 1 Std. kühl stellen.

3 Inzwischen für das Kürbispüree das Kürbisstück in der Schale, aber ohne Kerne, in eine Form setzen und im Backofen bei 200° (Umluft 180°) 40 Min. backen). Dann das weiche Fruchtfleisch etwas abkühlen lassen, aus der Schale lösen und fein pürieren (Sie brauchen 400 g Püree).

4 Datteln entsteinen und in Streifen schneiden. Die Eier mit dem Kürbispüree, der Crème fraîche, dem Zuckerrübensirup, der Zitronenschale, dem Zimt und den Nelken verquirlen.

5 Den Backofen wieder auf 200° (Umluft 180°) schalten. Die Kürbismasse auf dem Teigboden verteilen und mit den Datteln belegen. Die Pie im Backofen (Mitte) 40 Min. backen, bis der Belag fest und gebräunt ist. Abkühlen lassen.

Im Bild vorne: Kürbis-Preiselbeeren-Tarte
Im Bild hinten: Kürbis-Dattel-Pie

Kürbis-Nuß-Kuchen

- Preiswert
- Gut vorzubereiten

Für eine Kastenform von 35 cm Länge:

1 unbehandelte Orange
1 Stück Kürbis (etwa 400 g)
150 g Haselnußkerne
100 g Kürbiskerne
6 Eier
150 g brauner Zucker
1/2 TL Zimtpulver
1 EL Vin santo (oder Grappa) nach Belieben
75 g Mehl
1 TL Backpulver
Butter und Semmelbrösel für die Form

Zubereitungszeit: 30 Min.
Backzeit: 1 Std.

Bei 15 Stücken
pro Stück ca.: 210 kcal
7 g EW/12 g F/18 g KH

1 Die Orange heiß waschen und abtrocknen. Die Schale fein abreiben und die Orange auspressen. Den Kürbis von den Kernen mit dem faserigen Fruchtfleisch befreien und schälen, dann fein raspeln. Die Haselnußkerne und die Kürbiskerne fein mahlen.

2 Die Eier trennen. Die Eigelbe mit dem Zucker, dem Zimt, dem Vin santo oder Grappa nach Belieben und dem Orangensaft sehr schaumig rühren. Den Kürbis und die Orangenschale gründlich unterrühren. Etwa ein Drittel der Nüsse ebenfalls unterrühren.

3 Den Backofen auf 180° vorheizen. Die Form fetten und mit Semmelbröseln ausstreuen.

4 Die Eiweiße zu sehr steifem Schnee schlagen, auf die Kürbismasse geben. Das Mehl mit dem Backpulver und den übrigen Nüssen darauf verteilen. Mit einem Schneebesen locker, aber gründlich mischen.

5 Die Masse in die Form füllen und im Backofen (Mitte, Umluft 160°) 1 Std. backen. Die Garprobe machen: ein Holzstäbchen in die Mitte des Kuchens stechen. Bleiben keine feuchten Teigreste daran haften, ist der Kuchen fertig. Den Kürbiskuchen in der Form 10 Min. stehenlassen, dann stürzen und auf einem Kuchengitter ganz abkühlen lassen. Vor dem Servieren eventuell mit etwas Puderzucker bestäuben.

Kürbis-Muffins

- Gelingt leicht
- Für Gäste

Sie schmecken ganz frisch am besten.

Für 12 Stück:

1 Stück Kürbis (etwa 200 g)
1 unbehandelte Zitrone
170 g Mehl
2 gehäufte TL Backpulver
70 g Zucker
Zimtpulver · geriebene Muskatnuß
Salz
6 EL neutrales Öl
2 Eier
100 g Joghurt
Fett für die Muffinform (oder 24 Papierbackförmchen)

Zubereitungszeit: 25 Min.
Backzeit: 20 Min.

Pro Stück ca.: 140 kcal
3 g EW/6 g F/18 g KH

1 Kürbis von den Kernen mit dem faserigen Fruchtfleisch befreien, schälen und fein raspeln. Zitrone heiß waschen und abtrocknen. Die Schale fein abreiben und mit dem Kürbis mischen.

2 Den Backofen auf 220° (Umluft 200°) vorheizen. Die Muffinform fetten. Oder jeweils 2 Papierbackförmchen ineinander setzen.

3 Mehl mit Backpulver, Zucker und je 1 kräftigen Prise Zimt, Muskat und Salz gut mischen.

4 Das Öl mit den Eiern und dem Joghurt schaumig schlagen, dann gründlich mit der Mehlmischung vermengen. Die Kürbisraspel unterheben.

5 Den Teig in die Vertiefungen der Muffinform füllen. Oder die Papierförmchen füllen und auf ein Backblech stellen. Im Backofen (Mitte) 20 Min. backen, bis sie aufgegangen und gebräunt sind. Abkühlen lassen und aus der Form oder den Förmchen lösen.

Im Bild vorne: Kürbis-Muffins
Im Bild hinten: Kürbis-Nuß-Kuchen

Reisauflauf mit Kürbis und Kokos

- Preiswert
- Gelingt leicht

Für 4 Personen:

125 g Rundkornreis
400 ml Milch
Salz
1 Stück Kürbis (etwa 600 g)
1/2 unbehandelte Zitrone
2 EL Quittengelee
1/4 TL gemahlene Gewürznelken
3 Eier
50 g Zucker
1 1/2 EL Butter
3 EL Kokosflocken
3 EL Mandelsplitter

Zubereitungszeit: 50 Min.
Backzeit: 35 Min.

Pro Portion ca.: 435 kcal
13 g EW/17 g F/56 g KH

1 Reis mit Milch und 1 Prise Salz in einem Topf zum Kochen bringen. Dann zugedeckt bei sehr schwacher Hitze in 20 Min. ausquellen lassen, dabei ab und zu umrühren.

2 Inzwischen den Kürbis von den Kernen mit dem faserigen Fruchtfleisch befreien, schälen und möglichst klein würfeln. Die Zitronenhälfte heiß waschen. Die Schale fein abreiben, den Saft auspressen. Beides mit dem Quittengelee und dem Nelkenpulver unter die Kürbiswürfel mischen.

3 Reis lauwarm abkühlen lassen. Den Backofen auf 200° vorheizen.

4 Die Eier trennen. Die Eigelbe mit dem Zucker schaumig schlagen, mit den Kürbiswürfeln unter den Reis mischen. Die Eiweiße steif schlagen und unterziehen.

5 Eine flache Auflaufform mit etwas Butter fetten. Die Reismasse einfüllen. Kokosflocken mit Mandelsplittern mischen und darauf verteilen. Mit der übrigen Butter in Flöckchen belegen.

6 Im Backofen (Mitte, Umluft 180°) 35 Min. backen, bis der Auflauf schön gebräunt ist.

Kürbis-Ricotta-Mousse

- Raffiniert
- Gut vorzubereiten

Für 4 Personen:

1 Stück Kürbis (etwa 600 g)
2 EL Zitronensaft
2 EL Zucker
schwarzer Pfeffer
250 g weicher Ricotta
50 g Sahne
1 TL abgeriebene unbehandelte Zitronenschale
einige frische Minzeblättchen
1 EL Pistazienkerne

Zubereitungszeit: 40 Min.

Pro Portion ca.: 210 kcal
9 g EW/13 g F/14 g KH

1 Kürbis von den Kernen mit dem faserigen Fruchtfleisch befreien, schälen und in Würfel schneiden.

2 Kürbis mit Zitronensaft, 1 EL Zucker und 1 kräftigen Prise Pfeffer in einem Topf zum Kochen bringen und bei sehr schwacher Hitze 10 Min. köcheln lassen.

3 Kürbis etwas abkühlen lassen, dann mit der Garflüssigkeit fein pürieren.

4 Ricotta mit dem übrigen Zucker, der Sahne und der Zitronenschale verrühren.

5 Minze waschen, fein hacken und unter das Kürbispüree mischen.

6 Jeweils etwas Kürbispüree und Ricottacreme in Dessertschälchen füllen und mit einer Gabel locker untereinander ziehen, aber nicht ganz verrühren. Es sollen von beiden Cremes noch Spuren zu sehen sein. Die Pistazien fein hacken und darüber streuen.

7 Die Creme sofort servieren oder bis zum Servieren in den Kühlschrank stellen.

Im Bild vorne: Reisauflauf mit Kürbis und Kokos
Im Bild hinten: Kürbis-Ricotta-Mousse

Kürbis-Zimt-Dessert

- Gut vorzubereiten
- Für Gäste

Für 4 Personen:

1 Stück Kürbis (etwa 600 g)
100 ml trockener Weißwein (oder ungesüßter heller Saft)
70 g Zucker
3 Blatt weiße Gelatine
2 EL Zitronensaft
1 TL gemahlene Vanille (Tip Seite 52)
1 TL Zimtpulver
150 g Sahne
1 Päckchen Vanillezucker

Zubereitungszeit: 40 Min.
Kühlzeit: 2 Std.

Pro Portion ca.: 500 kcal
65 g EW/12 g F/28 g KH

1 Den Kürbis putzen, schälen und klein würfeln. Mit Wein und Zucker zum Kochen bringen und zugedeckt bei mittlerer Hitze in 15–20 Min. weich garen.

2 Inzwischen die Gelatine in kaltem Wasser einweichen.

3 Den Kürbis im Topf pürieren, Zitronensaft, Vanille und Zimt dazugeben. Gelatine ausdrücken und einzeln unter Rühren in der heißen Masse auflösen. Etwas abkühlen lassen und durchrühren. Die Creme in vier kalt ausgespülte Förmchen füllen und für 2 Std. in den Kühlschrank stellen.

4 Die Sahne mit dem Vanillezucker halbsteif schlagen. Die Kürbiscreme mit einem Messer vom Rand der Förmchen lösen, auf Teller stürzen und mit der Sahne garnieren.

Schokosahne mit Kürbis

- Raffiniert
- Gut vorzubereiten

Für 4 Personen:

200 g Sahne
80 g Zartbitterschokolade
1 Stück Kürbis (etwa 400 g)
50 ml roter Portwein (oder roter Saft)
1 Stück in Sirup eingelegter Ingwer nach Belieben
1 unbehandelte Zitrone

Zubereitungszeit: 35 Min.
Kühlzeit: 1 Std.

Pro Portion ca.: 320 kcal
3 g EW/22 g F/22 g KH

1 Die Sahne in einem Topf erwärmen. Die Schokolade in Stücke brechen und darin bei mittlerer Hitze unter Rühren schmelzen. Die Sahne in eine Schüssel füllen und ganz abkühlen lassen.

2 Inzwischen den Kürbis von den Kernen und dem faserigen Fruchtfleisch befreien, schälen und klein würfeln. Mit dem Portwein in einem Topf zugedeckt bei mittlerer Hitze in 10–15 Min. weich köcheln lassen.

3 Ingwer abtropfen lassen und sehr fein hacken. Kürbis mit dem Sud nicht zu fein pürieren, Ingwer untermischen.

4 Die Schokosahne halbsteif schlagen. Das Kürbispüree unterheben, in Dessertschalen füllen. 1 Std. kalt stellen.

5 Zitrone heiß waschen und abtrocknen. Die Schale mit einem Zestenreißer fein ablösen und das Dessert damit garniert servieren.

Kürbis-gratin mit Amarettini

● Raffiniert
● Gut vorzubereiten

Für 4 Personen:

100 g Amarettini (kleine Mandelplätzchen)
1 Stück Kürbis (etwa 600 g)
1 saftige Orange
100 g Sahne
2 EL Zitronensaft
2 EL Amaretto (Mandellikör) nach Belieben
2 EL Zucker
1 Eigelb
1 EL Pinienkerne

Zubereitungszeit: 20 Min.
Backzeit: 25 Min.

Pro Portion ca.: 280 kcal
4 g EW/17 g F/25 g KH

1 Amarettini in einen Plastikbeutel geben und mit dem Nudelholz darüber rollen, bis feine Brösel entstanden sind.

2 Kürbis von den Kernen mit dem faserigen Fruchtfleisch befreien, schälen und in kleine Würfel schneiden. Orange so schälen, daß auch die weiße Haut entfernt wird. Die Filets aus den Trennwänden herausschneiden.

3 Den Backofen auf 220° vorheizen. Den Kürbis mit den Amarettibröseln in einer feuerfesten Form mischen und mit den Orangenfilets belegen.

4 Sahne mit Zitronensaft, Amaretto, Zucker und Eigelb verrühren und darüber verteilen. Mit den Pinienkernen bestreuen und im Backofen (Mitte, Umluft 200°) 25 Min. backen. Dazu schmeckt z.B. Schokoladen- oder Zitroneneis.

Kürbis-Konfitüre

● Gelingt leicht
● Raffiniert

Für 4 Gläser à 400 ml:

1 Stück Kürbis (etwa 1 kg)
4 Zitronen
1 kleines Stück frischer Ingwer
4 EL Calvados nach Belieben
400 g Zucker
1 Päckchen Gelierpulver light

Zubereitungszeit: 30 Min.

Pro 100 g ca.: 200 kcal
1 g EW/0 g F/75 g KH

1 Kürbis von den Kernen mit dem faserigen Fruchtfleisch befreien, schälen und in sehr kleine Stücke schneiden. 2 Zitronen schälen und in kleine Würfel schneiden. Dabei alle Kerne und auch einen Großteil der Häute entfernen. Die übrigen Zitronen auspressen. Den Ingwer schälen und durch die Presse drücken.

2 Den Kürbis mit den Zitronenwürfeln und dem Saft, dem Ingwer, dem Calvados, dem Zucker, 100 ml Wasser und dem Geliermittel in einen Topf geben und bei mittlerer Hitze unter Rühren zum Kochen bringen.

3 Die Masse 3 Min. kochen lassen, dabei weiter umrühren. Kochendheiß in heiß ausgespülte Twist-off-Gläser füllen und sofort verschließen. Die Konfitüre hält sich 3–6 Monate.

alloween-Kürbis

Für viele gehört das einfach zum November: ein hell erleuchteter Kürbis, an Herbsttagen vor die Tür oder ins Fenster gestellt. Der hübsche Anblick verbreitet sofort eine angenehme Stimmung und ist dabei ganz einfach herzustellen. Und das Schnitzen ist übrigens nicht nur für Kinder ein Vergnügen!

1 Suchen Sie sich einen schön geformten Kürbis aus, der ausreichend groß sein muß. Mindestens 30 cm hoch sollte er schon sein. Außerdem beim Kauf darauf achten, daß der Kürbis möglichst geradesteht. Und natürlich muß er kräftig orange sein!

2 Zu Hause das Exemplar mit einem feuchten Tuch sauber reiben. Dann gut abtrocknen, so bleibt er länger haltbar. Auf einer Seite des Kürbis mit einem schwarzen Stift Mund, Augen und Nase markieren. Wer da keine ganz sichere Hand hat, legt erst einmal eine Bleistiftskizze an. Alle Öffnungen sollten ausreichend groß sein, damit die Kerze im Inneren später genügend Sauerstoff zum Brennen bekommt. Außerdem sieht es natürlich hübscher aus, wenn auch Licht nach draußen scheint.

3 Jetzt relativ weit oben einen Deckel abschneiden. Die Öffnung muß trotzdem so groß werden, daß man bequem ans Fruchtfleisch kommt. Dabei an Deckel und Kürbis eine Stelle mit einer Kerbe markieren, damit Sie später den Deckel wieder passend aufsetzen können.

4 Das Fleisch mit einem scharfkantigen Löffel und eventuell einem Messer vorsichtig herauslösen. Der Rand sollte jedoch mindestens 2 cm dick stehenbleiben, damit der Kürbis seine Form

behält und nicht in sich zusammensinkt. Das ausgehöhlte Fruchtfleisch wird selbstverständlich aufbewahrt und zu einem oder mehreren Gerichten aus diesem Buch verarbeitet.

5 Ist der Kürbis ausgehöhlt, werden die markierten Stellen wie Mund, Augen und Nase ausgeschnitzt. Das geht gut mit einem Teppich-Schneidemesser, aber auch mit einem spitzen Küchenmesser mit nicht zu dicker Klinge. Wenn Kinder mitarbeiten, in jedem Fall beaufsichtigen, damit sie sich nicht mit den scharfen Schneidewerkzeugen verletzen.

6 Jetzt zur Probe ein Teelicht anzünden und in den Kürbis stellen. Den Deckel auflegen und einige Minuten drauflassen. Den Deckel abheben. Falls er rußig geworden ist, muß noch ein Kamin hineingeschnitten werden. Wenn die Kerze ausgeht, ist das ein Zeichen, daß die Flamme zu wenig Sauerstoff bekommt. Die Öffnungen müssen vergrößert werden.

7 Wer möchte, kann die Schale des Kürbis jetzt noch mit beliebigem Muster verzieren, das geht am besten mit dem Werkzeug für Linolschnitt.

Der Kürbis hält sich jetzt mindestens 1 Woche. Sie können die Haltbarkeit verlängern, wenn Sie den Kürbis außen mit klarem Lack bepinseln.

Impressum

Redaktion: Christine Wehling
Assistenz: Stefanie Poziombka
Lektorat: Adelheid Schmidt-Thomé
Layout, Typographie und Umschlaggestaltung: Heinz Kraxenberger
Satz und Herstellung: Verlagssatz Lingner
Produktion: Helmut Giersberg
Fotos: Odette Teubner; Teubner Archiv: Vorwort, S. 5 (4), 14, 15, 20, 22, 23 (3), 38; S. 1: Chr. Wehling
Reproduktion: Repro Schmidt, Dornbirn
Druck und Bindung: Kaufmann, Lahr
ISBN 3-7742-1155-8

Auflage	5.	4.	3.
Jahr	03	2002	2001	2000

Cornelia Schinharl
Sie lebt in der Nähe von München und studierte zunächst Sprachen, bevor sie sich dem Bereich Ernährung zuwandte. Nach der fundierten Ausbildung bei einer bekannten Food-Journalistin und einem Praktikum bei einem großen Hamburger Verlag, machte sie sich 1985 als Redakteurin und Autorin selbständig. Es sind seither zahlreiche Bücher von ihr erschienen.

Odette Teubner
wuchs bereits zwischen Kameras, Scheinwerfern und Versuchsküche auf. Ausgebildet wurde sie durch ihren Vater, dem bekannten Food-Fotografen Christian Teubner. Nach einem kurzen Ausflug in die Modefotografie kehrte sie in die Foodbranche zurück und hat seitdem das seltene Glück, Beruf und Hobby zu vereinen.

GASHERD-TEMPERATUREN

Die Temperaturstufen bei Gasherden variieren von Hersteller zu Hersteller. Welche Stufe Ihres Herdes der jeweils angegebenen Temperatur entspricht, entnehmen Sie bitte der Gebrauchsanweisung.

ABKÜRZUNGEN

TL = Teelöffel
EL = Eßlöffel
Msp. = Messerspitze

kcal = Kilokalorien
EW = Eiweiß
F = Fett
KH = Kohlenhydrate

Das Original mit Garantie

Ihre Meinung ist uns wichtig. Deshalb möchten wir Ihre Kritik, gerne aber auch Ihr Lob erfahren. Um als führender Ratgeberverlag für Sie noch besser zu werden. Darum: Schreiben Sie uns! Wir freuen uns auf Ihre Post und wünschen Ihnen viel Spaß mit Ihrem GU-Ratgeber.

Unsere Garantie: Sollte ein GU-Ratgeber einmal einen Fehler enthalten, schicken Sie uns das Buch mit einem kleinen Hinweis und der Quittung innerhalb von sechs Monaten nach dem Kauf zurück. Wir tauschen Ihnen den GU-Ratgeber gegen einen anderen zum gleichen oder ähnlichen Thema um.

Ihr Gräfe und Unzer Verlag
Redaktion Kochen
Postfach 86 03 25
81630 München
Fax: 0 89 / 4 19 81 - 113
e-mail:
leserservice@graefe-und-unzer.de